日本は次に何を売るか

鷲田祐一［編著］
＋一橋大学商学部グローバルマーケティング研究室

同文舘出版

はじめに

これから先の10年を考えるとき、日本企業は技術一辺倒の考え方からの転換をしなければならない。そのためには、日本独自の経験価値とは何か？というソフト面に立った思考や、情報戦に積極的に乗り込んでいくという姿勢など、「技術以外の要素もバランスよく取り込んだ戦略」を考えていく必要がある。

このような考え方をもとにして、本書はこれからの日本を担ってゆく一橋大学商学部鷲田研究室の第一期生13名とともに執筆された。それぞれが約2年間にわたって研究してきた内容を、鷲田が構成・再編集・加筆することで1冊の本ができあがった。研究活動に不慣れな学生の執筆した内容が中心となっているため、いわゆる学術研究書の体裁とはなっていないが、できるかぎり資料を集め、研究室全員で客観的な分析を心掛けた。唐突なロジックや、やや乱暴な記述があるかもしれないが、若い素朴な視点で日本企業のグローバル・ビジネスを見つめ直した「マーケティングのおもちゃ箱」のような資料として読んでいただければ幸いである。

「日本は次に何を売るか」というタイトルに対して、13名の学生たちが素朴な視点で仮説をぶつけ、それぞれ検証してみた結果、全体を通じて意外にも面白い本ができたのではないかと感じている。「ものづくり」ではない日本の姿を、手さぐりの状態で検証してゆく中で、戦後の日本がどのように発展を遂げてきたのかについて幅広い事実が見えてきた。そして、それらの事実を若者たちの目で眺め直してみることで、これからの日本がどのように国際展開をしてゆくべきなのか、おぼろげながらも、従来の考え方とは少し違うシナリオが描けたのではないかと感じている。

なお、各章の執筆を担当したのは以下のとおりである。

序　章：鷲田祐一
第1章：安藤惇也、児玉憲也、田中大、長井理会
第2章：國井謙伊、黄利佳、佐久間海士、関谷亜友美
第3章：麻柄彩子、鷲田祐一
第4章：石井悠暉、藤田祥太朗
第5章：永井美菜子、古江奈々美（いずれも五十音順）
また、全体編集を指揮したのは佐久間海士、参考資料等の調整を担当したのは、児玉憲也、永井美菜子、古江奈々美である。また、第3章の中で紹介した日本企業の事例については、井上貴裕、方山大地、塩谷沙紀、清水恒季、田浦寛子、田原潤子、中丸諒、服部裕里恵、福田幹、松下大輝、村上湧大、森川学、渡邊勲（五十音順）がサポート業務を担当した。なお、執筆内容について不備や誤りなどがあれば、すべて鷲田の責任である。本書の発刊にあたっては、同文舘出版（株）の青柳裕之氏の多大なる御厚意を賜った。この場をお借りして感謝の意をお伝えしたい。

われわれの研究室は、グローバル・マーケティングの研究成果を今後も引き続き発表していきたいと考

えている。ささやかな研究室ではあるが、日本企業が力強さを取り戻すための一助になればこの上ない喜びである。

2015年　6月

鷺田　祐一

目次

第2章 売る前に見せる

第3章 ローカルフィット戦略

第4章　日本のインフラ輸出に伏在する弱みとその克服

日本は次に何を売るか

序　章

技術だけではなく経験を売る国へ

1 「ものづくり」だけではない、世界の中での日本の姿

世界の産業および消費の構造の中での日本の位置づけが、この10年で大きく変化してきている。この事実に最も鈍感なのは、おそらく日本人自身ではなかろうか。GDPで中国に抜かれて世界3位に転落したとはいえ、日本はいまだ世界で最も便利で安全な暮らしができる国の1つである。日本に住んで、昨日と同じような今日を暮らす毎日を過ごしていれば、その間に海外の市場で何が起こっているのか知る必要も感じない、というのは偽らざる実感である。それは企業経営者や大学の研究者でも実は同様だ。どれだけ多くの海外情報を書面やネットで得たとしても、日本に住んで、日本をメインにして商売をし、日本のことを中心に研究をしているかぎり、海外で起こっている変化についてのひっ迫度までは伝わってこない。それだけ日本が豊かに成功した国家であるという証拠でもあるので、これは一概に悪いことではない。

しかし、これから先の10年はどうであろうか。今海外で起こっている変化は、これからの日本社会を担ってゆく若者層や学生たちにとっては、より直接的に実生活に影響を与える要素になり得る。今までと同じようなことだけを学び、今までと同じように企業に就職し、今までと同じような商売をしていける、

という前提で勉強をしたり研究をしたりしているだけでは、これから降りかかってくる可能性がある変化に十分対応できなくなる危険性がある。この本はそんな動機で書かれた。「日本は次に何を売るか」というタイトルは、そんな動機をもった学生たち自身が発案したものである。

日本はこれまで「ものづくり」で世界に貢献し、世界市場で大きな成功を収めてきた。戦後短い時間で復興・成長することができた原動力は、間違いなく製造業の強い競争力であった。しかし、2015年現在、世界の中での日本の位置づけを客観的に眺めたとき、はたして日本は今でも「ものづくり」の国として認識されているのだろうか。大学という場には、先進国から新興国まで、幅広く世界の国々の人が集っている。留学生や研究者、あるいは企業の人や各国の政府関係者など、さまざまな立場の人と意見交換をしていて気づかされるのは、海外からの視点では、日本人が信じているほどには日本の「ものづくり」の存在感は、もはや感じられていないということである。確かに、TOYOTAやSONYやCANONというブランド名を出せば、「ああ、素晴らしい企業、すばらしい商品だね」という評価の声が返ってくる。しかしそれらは海外の人の視点では、もはや「日本のものづくり企業」という認識ではなく、世界の誰にとっても等距離なものとして認識されているというべきであろう。

それに代わって、世界の目でみた日本を代表するイメージは何か？　といえば、間違いなく「クール・ジャパン」であるといえよう。国内にはさまざまな批判もある「クール・ジャパン」ではあるが、日本以外のほぼすべての人にとって、アニメや漫画、あるいはファッションやカラフルでヘルシーな和食のイメージこそが、今の日本を代表するイメージなのである。

このようなもう1つの日本の姿について、「本質的ではない」と切り捨ててしまうのは簡単かもしれない。ビジネスとは無関係だと無視する人もいるかもしれない。しかし、中国や韓国の製品がすでにかなり高い品質を実現している今、過度な機能差別化を追求するだけでは競争に勝てなくなってきているという現実を無視することはおそらく難しいだろう。このような現実を素朴に見つめ直せば、「クール・ジャパン」の高い評価をビジネスにも応用しようと考えるのは、むしろ自然なことであることに気づかされるであろう。

次の10年を考えるためには、そのような素朴な視点が最も重要なのである。われわれの出発点は、「日本は次に何を売るのか」という問いに対して、「ものづくり」だけではない日本の姿を積極的に捉えなおすことであった。

2 経験の輸出は世界に通用する

なぜ「クール・ジャパン」は世界の消費者から支持されるのだろうか。それは、アニメや漫画であれ、寿司やファッションであれ、すべて日本の消費者が毎日の生活の中で育ててきた文化をそのまま体現したものであるからだといえよう。しかしここで文化という言葉を使うと、やや誤解を生む危険性がある。日本の文化といってすぐ思い浮かぶのは、サムライや浮世絵など、いわゆる伝統文化だと考える人が多い。「クール・ジャパン」の中心はそのような伝統文化というよりも、いわゆるポップ・カルチャーやサブカルチャーである。ところが、文化の軽重でいえば伝統文化の方に軍配があがる。しかしながら、見落としてはいけないのは、「クール・ジャパン」が世界の消費者に伝えている価値の本質は、そのような日本の伝統文化の魅力ではなく、現在の日本の消費者たちの生活の中での価値、言い換えれば、毎日再生産を繰り返している、日本の生活の経験価値といえる。

このような日本の生活の経験価値の輸出は、実は世界で通用するようだ。特にアジアの新興国の消費者にとっては、ある意味で「手に届く憧れ」という位置づけになっているといえよう。自国の経済が発展を遂げる中、その行く先にある今までよりも少し豊かで楽しい生活の象徴として、日本のアニメや漫画、あるいは日本のファッションや和食が評価されているのである。一方、欧米での評価は位置づけが大きく異なる。欧米の消費者から見れば、日本の生活文化は、100年以上前からエキゾチックな魅力の対象となっているが、同時に最近ではハイテクで未来的なイメージが共存しており、結果的にいっそう魅力を高めている。この点において、欧米においては日本の「ものづくり」へのこだわりも、やや変形したカタチではあるものの、理解されている。しかしあくまでも魅力の本質はそのような未来的なハイテクを使いこなす生活スタイル自体のエキゾチックさであり、日本人が重視する「カイゼン」による技術革新の努力の姿ではない点に注意しなければならない。

もう少し踏み込んで詳しく見てみよう。アニメや漫画はまさにここで書いた内容をそのまま体現したエンターテイメントとして評価されている。アニメや漫画に登場する1つひとつのシーンには、今の日本の若者のライフスタイルや心理がそのまま描かれている。その上、日本のアニメや漫画には、ロボットものやSFものが多く、未来のハイテクをイメージさせる要素が満載である。身近に見えつつも未来を暗示しているような複雑なストーリーは、アメリカのコミックやハリウッド映画にはない魅力である。またスポーツや格闘技の要素を取り扱ったアニメや漫画が多いのも特徴である。これらは国や民族を越えて若者の心を掴む可能性が高い。

次にファッションはどうだろうか。日本のファッションは「リアルクローズ」と呼ばれ、パリやニューヨーク発のファッションと比べて、より日常的な草の根のおしゃれ感覚に近いと評価されている。また比較的小柄なアジア人に似合う、いわゆる「かわいさ」を最大の特徴にしている。欧米の保守的な人たちの価値観から見ると、少女性に加え性的アピールが融合しているようにみえ、道徳的に問題があるという批判もあるが、そのような批判も含めて、欧米発のハイファッションとは一線を画した新しい世界観を形成しつつあるのは間違いない。「かわいい」ファッションは、まさにアジア新興国の消費者にとっては「手に届く憧れ」であり、かつ欧米の消費者にとってもまったく異質な世界観として定着しつつある。

寿司や和食はどうであろうか。日本人にとっては、寿司や和食こそは日本の伝統文化の象徴と考えがちであるが、世界の消費者にとっては、むしろ最も新しいヘルシーな食生活の象徴として定着しつつある。肉や油分が非常に少なく、魚や野菜を素材のままに楽しむ調理法や、色彩豊かでしかも少量を基本とする盛りつけは、長寿世界一という日本の健康イメージと融合して、ここでもなんとなく近未来のハイテクなイメージをもち、しかも女性的で、かつ意外にも身近な食スタイルとしての世界観を形成しつつある。日本人自身が考える和食とは違う、もう1つの「世界の中での和食」がすでにできつつあるということだ。

このように「クール・ジャパン」を、日本人の経験価値の輸出と捉えて見直してみると、ビジネスにおける重要性も再認識できるようになる。「経験価値」というキーワードはマーケティング学の中でも注目されてきている。モノやサービスの機能の差別化だけではなく、ユーザーにどのような経験を提供できるかで差別化しようという概念である。「クール・ジャパン」は、メイドインジャパンの個々の商品やサービスの品質や性能を超えて、それらを統合して、他の国の消費者に対して、図らずも魅力的な経験価値を提供しているという構図になっていることがわかる。

そして、この経験の輸出という構造は、実は海外進出に成功している日本企業の多くに共通している。具体的には第1章で3つの企業事例を紹介するが、日本企業が国内あるいは他の国で経験したやり方を、進出先相手国の状況にあわせて巧みにアレンジすることで新しい独自のビジネスモデルを構築することが1つの成功パターンになっている。日本人が成功した経験を、カタチを変えて他国に輸出しているという構図だ。この方法は世界の市場に通用するモデルであると分析できよう。

3 「暗黙知的な技術」だけでは勝てない現実

しかし、それでもなお「クール・ジャパン」のようなものはどうでもよいと考えるビジネスマンはまだ多い。日本人の経験よりも、論文や特許として明文化された「技術」を輸出することが日本企業の使命だと考える人も多いだろう。最もよくあるのは、「うちはB to Bですから」や「インフラビジネスですから」という回答である。たしかにB to Bやインフラのようなビジネスにとっては、消費者がアニメやファッションに憧れを感じてくれているのかどうか、などという話はどうでもよいように思えるかもしれない。目にみえない経験などよりも、具体的なスペック表の方が受注をとるための切り札になると考えるかもしれない。

しかし、それは本当だろうか？ むしろ目を背けてはいけないのは、B to Bやインフラのビジネスにおいてすら、すでに「技術だけ」では日本企業は勝てないようになってきているという事実であろう。詳しくは第4章や第5章で述べるが、国際的なインフラビジネスにおいて最も重要なのは、技術そのものの差別化ではなく、相手国の国家プロジェクトに精通し、かつ国際技術規格の競争に乗り遅れないようにする情報戦略である。そしてそのような情報戦略において、日本はかなり出遅れてしまっている。安倍政権になってからは、積極的に政府主導のトップセールス活動が実施されるようになり、いくつかの国において大きな国家プロジェクトの受注につながるケースが出てきているが、そのようなトップセールスの場で実は意外にも有効なのが「クール・ジャパン」であることを見逃してはいけない。どこの国であれ、市民レベルでの友好な文化的交流がある相手に対しては、安心して国家プロジェクトを委託できるというのは自然な話である。また、そのような国家プロジェクトは新興国において数多く発生しているが、新興国の視点で見れば、先進国は、どこの国であれ、進んだ技術をもっていることはいわば当たり前の前提になっており、それ自体は差別化要素として働きにくくなってしまっているという事実もある。そんなときに、トップセールスの最後の一押しに案外有効なのは、その国で寿司ブームが起こっているとか、政府要人のご子息が日本アニメのファンであるとか、そういう要素であることが多い。要人であっても人の子である。家族もいるし、飯も食べる、ということだ。B to Bやインフラビジネスであっても、「クール・ジャパン」が無関係であるというようなことはない。

ただし、経験の輸出という視点でいえば、日本企業は携帯電話市場での失敗の経験などから、日本企業自身が、もっと多くのことを学ぶ必要があるだろう。失敗の経験とは、いわゆる「ガラパゴス化」現象のことだ。2000年代の初頭段階において、日本の携帯電話関連産業は世界トップレベルの技術力をもっていた。いや、技術力だけでいえば、今でも世界トップレベルかもしれない。しかし、多くの日本企業が国際的な技術規格競争よりも国内でのアライアンス構築と細かい機能差別化に重きをおいてしまったため、海外市場に打って出る機会をほとんど失ってしまった。国内よりも大規模な海外市場のニーズがどんなものであるのかを実はおおむね把握していたにもかかわらず、それらを軽視して国内ニーズへの適合ばかりに腐心してしまった。しかも、やがてそのような細かすぎる機能差別化競争は、国内消費者のニーズからも乖離したユーザー不在の過当競争へと徐々に突き進み、結果的にはアップル社によるスマートフォンの登場に完全に立ち遅れるという帰結を迎えた。一連の失敗の過程の中で、日本の技術者が頑なに信じていたのは、「技術だけでみれば、ノキア、アップル、サムスンよりも上」という考えであった。技術力が高ければ、いずれ必ず市場でも勝利できるに違いない、国際技術規格も獲得できるに違いない、という誤った信念は、2000年ごろに繰り広げられた3G規格の国際競争に乗り遅れた時点でも、すでに危ぶむ声があった。しかしそれでも自制力は働かなかった。なぜこのような誤った信念に凝り固まってしまったのか？その理由は、日本の技術系の経営者の間にある驚くほどのマーケティング軽視の姿勢というほかない。

もともと日本の携帯電話産業が高い技術力を得るに至ったのも、技術者たちの卓越したビジョンなどではなく、90年代における国内でのマーケティング競争の賜物であったことを見逃してはいけない。なぜ日本の携帯電話が世界に先駆けてインターネットメール機能を装備したのか？　なぜアップル社の iTunes

Music Store よりもずっと早く携帯電話で音楽を聞ける機能を装備したのか？　それらはすべて技術的なビジョンのもとに開発された機能ではなく、ユーザーニーズに必死に対応しようというマーケティング活動の結果であった。しかしそれらが一通り実現された2000年代の半ばごろには、いつのまにかこれらすべての成果が「技術開発ビジョンの成功だった」という誤ったまとめ方をされてしまった。技術評論家たちは、事後的に開発ロードマップを書き換え、あたかも最初からそのようなシナリオで開発されていったかのように装った。いわばつじつま合わせである。この誤ったまとめ方が技術への過信を生んだのではないかとわれわれは考えている。国内の市場に対してすらこのような状態であったのだから、海外市場のニーズに対して真摯に向き合おうというような姿勢が醸成されるはずもない。

同じような過信が、B to Bやインフラの分野でも、いつの間にか起こってはいないだろうか。鉄道や自動車の技術、あるいは発送電の技術、水資源利用の技術など、それぞれ機能的には世界一であるにもかかわらず、国際技術規格の獲得においては苦戦している状況がすでに見受けられる。なぜそうなるのかといえば、それら世界一の技術のほとんどは、実際のところは、卓越した論文や特許などをもとに生み出されたものというよりも、日本企業が日本国内の市場競争において、少しずつのカイゼンの経験によって生み出されたものであり、いわゆる暗黙知的要素が非常に多いからだといえるだろう。つまりここでも経験の輸出という構図が存在していることが浮かび上がる。

一方、確かに国際技術規格の競争において重要になるのは、そのような経験に基づく暗黙知ではなく、どんな人でも一読でわかる形式知であるのは事実だ。同じく技術といっても、経験の中で生み出された暗黙知と、論文や特許をベースにして生み出された形式知の2種類があるということだ。前出の携帯電話における「ガラパゴス化」の教訓からも暗黙知による経験的な技術の積み重ねだけでは海外市場では勝てないことはどうやら間違いない。つまり、確かに経験の輸出は世界に通用する可能性があるのだが、それと同時に、その経験に基づく知恵を活かしてそれぞれの市場の特性を理解してゆくことに努力しなければ、海外市場では勝てないという事実を、今度こそしっかりと学習しなければならない、ということだ。

ところで、なぜ日本企業はかくも情報戦に弱いのか。詳しくは第4章でも述べるが、一言で表現すると、日本企業は海外で作り出されたビジネス・フレームワークを模倣するのが下手だから、といえそうだ。国際技術規格を作るのが上手なのはEU加盟国や米国であるが、そこで作り出されたビジネス・フレームワークは、当然のことながらそれを作った国や地域が競争上有利になるような仕組みになっている。日本企業がそれに後乗りすれば、当然のことながら相対的に不利になるわけだが、日本企業は、それでは受け入れられないとして反発してしまうケースが多い。確かにわざわざ負け戦をする必要はない、という考え方は一理あるかもしれない。しかし、反発ばかりして敵対的な独自規格の作成にこだわっていては、ますます「日本外し」の姿勢が進んでしまう。技術開発の早い段階で、海外企業とも連携・協働したり、競合する技術陣営をも取り込んだりしながら、海外勢をうまく活用するという姿勢が大切である。

また、このような国際技術規格ではないローカルな市場においても、同じような問題が発生している。

新興国の国内市場などには、それぞれの国情を反映した独特の細かいニーズが存在していることが多いが、それらにどの程度フィットできるのか、ということが問題になる。いわゆるローカルフィット問題だ。詳しくは第3章で述べるが、このようなローカル市場への適合戦略の多くは、すでに欧米企業や韓国企業によって開発されている場合が多い。日本企業が後追いで同じ市場に参入する場合、そのような外国企業による適合戦略をよく学習し、それを模倣することで、かなりの効果が期待できるにもかかわらず、あえてそれを避け、日本企業独自の方法の開発にこだわってしまう傾向が散見される。もちろん第1章で述べるような日本企業による経験の輸出を実現させ、先行する海外企業に対する大逆転を狙う方法もあり得る。しかし進出そのものが大幅に遅れてしまっており、投資も十分ではないような条件の場合は、独自の方法にこだわるよりも、海外で作られたビジネス・フレームワーク（つまり、海外企業による経験の蓄積・暗黙知）を学ぶ方が効率的な場合も多いはずだ。日本企業や日本のマーケティング学の中には、このようなローカルフィット戦略のことを良しとしない風潮が強いが、今後はその考えを改める必要もあるだろう。

少し話をまとめよう。日本企業がこれから先の10年を考えるとき、技術一辺倒の考え方からの転換を図らなければならない。そのためには、「クール・ジャパン」の本質ともいえる日本独自の経験価値とは何か？　というソフト面に立った思考や、情報戦に積極的に乗り込んでいくという姿勢など、「技術以外の要素もバランスよく取り込んだ戦略」を考えていく必要がある、ということだ。本書を貫く統一メッセージはそこある。

4 本書の構成

以上のような考え方をもとにして、以降の章においては次のようにまとめていく。

第1章では、上手に海外進出を果たしてきた日本企業の事例と海外企業の事例を比較することで、日本企業と海外企業のかなり根本的なグローバル・マーケティング戦略の違いを浮き彫りにする。取り上げる日本企業の3つの事例は、どれも自社が日本で経験してきた事業を上手に進出先の市場特性にあわせて展開している事例である。それでもなお、同じような分野の海外企業のダイナミックな戦略展開と比較すると、「市場の基本フレームワーク構築」という点において大きな違いがあることを理解することができるだろう。日本企業がこれまで当たり前と思って追求してきた基本方針が、素朴な目で見つめ直してしてみることで、海外企業にとっては実は当たり前ではなかったこと、逆に海外企業にとっては当たり前の戦略を、なぜか日本企業は採用しようとしてこなかったことが、明らかになった。

第2章では、「見せる」という視点に着目し、家具産業、ファッション産業、アート市場などを題材に、国際見本市の活用や店舗開発の重要性を説明している。また、アートのように市場そのものを創造する努力の重要性についても言及する。前述のとおり、日本企業の偏った技術偏重傾向や暗黙知依存の傾向により、「売る前に、ちゃんと見せる」という商売の基本原理すら軽視されてしまう危険性がある。その基本を忘れてしまっては、グローバル戦略などできようはずもない、というのがこの章のメッセージである。どんなに良いものを作っていても、それを見てもらう努力、知ってもらう努力を怠っていては、狭い範囲の市場でしか商売ができないのは当然である。そして海外市場に打って出るという行為は、場合によっては、モノを作るよりも、それを知ってもらう方がよほど難しい状況を生むのだということを再認識する必要がある。

家具やファッション、あるいはアート市場という分野は、日本が技術大国化してゆく中で、いわば「過去の産業」として置き去りにしていったような分野ともいえよう。高い技術がなくても、職人や作家、そして小さな町工場と労働者があれば実現できる産業だ。それゆえこれらの産業分野のことを、現代の日本の大手企業はあまり重要視していないのも事実だろう。そんな労働集約的な産業は、人件費が高騰した先進国日本にはもはや不必要だ、と考える人もいるかもしれない。しかし世界の視点で見たときには、これら産業の必要性や魅力が他のハイテク機器によって失われたり代替されてしまったりしたのか、といえば、実はまったくそうではない。むしろ、家具や衣類、アート作品などは、先進国から新興国まで、まさに普遍的に必要とされる重要な文化・文明でありつづけている。そればかりか、第2章で取り上げる先端的なファッション産業は、新興国進出の旗頭になっている優良企業をも生み出している。第2章の主旨は、まさにそのような、一種の温故知新のメッセージともいえる。

第3章では、前述のローカルフィット戦略の現在について議論している。特に中国・韓国とどう付き合ってゆく必要があるのか、というホットな話題にも言及しており、同時に、いわゆる「現地化戦略」とローカルフィット戦略は、同じではないことについても概念整理をしてみた。ローカルフィット戦略で悩むビジネスマンにとっても示唆になる要素が多いと思われる。日本企業は全体としてはローカルフィットが上手ではないのだが、それでもこの章で紹介している事例は、非常に有益なヒントをもたらしてくれるものが多い。現地事情に柔軟に適合しながらも、日本企業らしい工夫が見られることを確認することができるだろう。

第4章および第5章では、大きくトピックを変えて、インフラビジネスの輸出というテーマを議論している。日本企業が海外に進出するにあたって、新興国側の需要として非常に大きな存在感をもっているのが、建設業やインフラビジネスである。特にインフラビジネスの輸出というテーマでは、ここまで述べてきたような日本企業の構造的な弱点が端的に表れているといえる。逆にいえば、インフラビジネスの輸出において、日本が国内での経験の輸出をうまく実現できれば、これまでの後手に回った競争状態を逆転できる可能性があり、ひいては苦戦が続く家電産業などへも大きな波及効果が期待できるだろう。第4章では、まずインフラビジネス全体の概況を俯瞰したうえで、国際技術規格の標準化競争について現状の分析をしている。これらの議論を踏まえて、第5章では特に鉄道インフラに焦点を当て、高速鉄道の敷設によって都市部と地方の社会格差の是正に成功した日本の経験が他国に輸出可能なのかどうかを大きな視点で検証している。日本では成功した経験がうまくいかなかった中国での事例を分析し、なぜ日本の経験が活かされなかったのかを検証する中で、中国独特の社会格差発生メカニズムを指摘した。一方、もう1つの社会格差国としてインドに着目し、今度こそ日本の経験を輸出できるかどうかという視点から、現在進行中の日印間の国家プロジェクトについて再検証をしてみた。

第1章

現地化と統一化の調和

1 日本企業の「ユーザーベネフィット主義」

本章では最初に、グローバルな市場で成功する日本企業の姿について見ていきたい。海外市場で成功する日本企業には、なにか共通の特徴のようなものがあるように思われる。結論を先に少し述べてしまうと、それは徹底した「ユーザーベネフィット主義」という基本的な考え方だと思われる。本章ではまず、味の素のBOPビジネス、日本のアニメ産業、ベネッセの中国での教育ビジネス、ヤマハの中国での音楽教室展開など、一見するとまったく共通点がないように見える別々の産業ジャンルの事例をあえて取り上げ、それらを大胆に俯瞰してみることで、この「ユーザーベネフィット主義」というものがどのようなものなのかについて、考えてみたい。

一方、それに対比して、海外企業のグローバル展開においては、どのような特徴が存在するのであろうか。本章の後半では、日本企業と比較する形でそれ

図表1-1　第1章の全体の構造

〈日本企業の海外展開〉		〈海外企業の展開〉
●現地化 ●短期的に、顧客利益を満たす（=「**ユーザーベネフィット主義**」） ●それぞれの商品ごとに売り込んでいく『井戸ほり型』	⟷	●統一化 ●長期的に、理想的な社会的テーマを目指す（=「**市場ゲームチェンジ主義**」） ●一つの商品が市場に浸透すればその後他の商品も売り込める『ダム建設型』

出所：筆者ら作成。

らの分析も試みてみた。ケースとしては、上記の日本でのケースと同じＢＯＰ事業、アニメ産業、教育産業を取り上げ、それぞれユニリーバ、ディズニー、ＥＴＳの海外展開の例を見ていく。これら海外企業の事例を見てみると、共通の特徴として、最初に「こうあるべき」という理想をもち、進出する国の市場環境自体をそのような理想的な状態にしていこうと試みる「市場ゲームチェンジ主義」という考え方がありそうだ。また、それを実現する背景として、進出先の市場に対して「社会的テーマ」と呼ぶべきものを明確に掲げて戦略展開を行っていることが浮き彫りになってくる。このような日本企業と海外企業の対照的な戦略展開の違いを図にすると、**図表1－1**のようになる。では、まず日本企業の海外展開について、味の素、日本アニメ、ベネッセおよびヤマハという順で実際のケースを見ていこう。

2 「味の素」の海外展開の事例―ユーザーベネフィット型ＢＯＰビジネス―

味の素は、海外での貧困層（ＢＯＰ層）向けの小分けビジネスで非常に成功している企業である。特に東南アジアにおいて、その存在感は特筆すべきものがある。なぜここまで味の素は成功することができたのだろうか。それは、味の素のユーザーベネフィットを追求する姿勢が徹底しているからだと考える。一般に、ユーザーベネフィットとは、ユーザーからみた商品やサービスの利点のことであり、ベネフィットには「機能的ベネフィット」と「情緒的ベネフィット」の2つがある。機能的ベネフィットは商品の性能や便利さ、効用を意味し、情緒的ベネフィットは、商品を所持することによって感じられる安心感やステータスなどの感情のことを指す。これらの追及が成功の要因と考えられるのである。味の素はいうまでもなく創業100年以上を誇る日本の代表的な食品企業である。1908年東京大学の池田菊苗博士が昆布だしのうま味成分グルタミン酸（アミノ酸の一種）を発見し、これを「うま味」と命名し、製造方法を発明した。味の素株式会社の創業者である鈴木三郎助がその工業化を実現し、「味の素」の製造販売を開始したのが、味の素社の成り立ちである。海外展開を進めるに当たり、世界各国の多様な食文化を調べ、消費者のニーズを理解してきた。美味しさを調味料によって実現する技術力によって、味の素は各国の豊かな食生活に貢献してきた企業である。

味の素は古くから海外展開を推し進めてきた。創業から8年後の1917年にはニューヨーク事務所を設立。そして、その翌年の1918年には上海事務所を開設し、海外での事業展開を推し進めていった。戦争の影響により、普及に歯止めがかかったものの、1960年代から小分けビジネスの核ともなる東南アジアでの現地生産・現地販売を開始していった。具体的には、1961年にタイ工場を、その翌年にフィリピン、1965年にはマレーシア、1969年にはペルー・インドネシアと次々に海外工場を建設した。なぜこんなにまで早く、味の素は海外市場に目を向けることができたのだろうか。それは、主要な市場の1つとして海外にいち早く目を向けていたからである。日本の製造業は、安価な労働力を求めて海外に進出していったケースが多いが、その意味では味の素は一線を画している。

海外進出における3つのポイント

味の素が海外市場に進出する際の決め手とする3つのポイントがあるという。1つ目は、進出する国の人口が多いもしくは、これから増大していくことが見込まれることである。ある程度の市場規模は、ブランドの浸透や安定的な事業として確立させるためには欠かせないからだ。2つ目は、進出国が発酵調味料を受け入れている食文化であることだ。発酵調味料はうま味を多く含んである。西欧諸国では、チーズのように食品自体にうま味が含まれているものも多いが、東・東南アジアでは穀物などを発酵させて作った調味料が数多く使われている。このような地域では、味の素が受け入れられやすいと考えている。3つ目は、経済発展の段階である。経済成長の可能性を考える上では、1人当たりGDPのような主要な経済指標を参考にしている。まだ1人当たりGDPが小さい国であろうとも、味の素が食文化に浸透すればするほど、その国の経済成長とともに事業規模が拡大できるからである。

以上の3点から、味の素は1960年代から東南アジアの主要国、ラテンアメリカに生産拠点を設け、販売網を築いていった。しかし、このような観点から進出先に決めたアジアやアフリカなどの国の中には、味の素の販売に適した商流や物流が存在していないことが多かった。そのため味の素は独自の販売網の構築に取り掛かり、こうした努力がその後の事業拡大の手助けとなったのである。

どこでどうやって売るか―新興国市場においての成功要因―

ＡＳＥＡＮ諸国において、まずはじめに味の素の事業が成功したのがタイである。タイでの成功モデルを、インドネシアやフィリピンといった他のＡＳＥＡＮ諸国にも移転できたことが、ここまで味の素が世界に広がった大きな要因だといわれている。この成功モデルには3つの段階があったという。

まず第1に、グローバルブランドの標準化移転である。企業のロゴや商品、味の素、スープのブランドである「ボーノ」や風味調味料の「ほんだし」といったブランドは本社が一括で管理をしているため、ほとんど現地適応化はしていない。原則として心も形も変えないのである。しかし例外はあり、例えば「味の素」では商品の粒の大きさや容量は各国への適応化がなされている。

第2に、各国の風味調味料やメニューにあわせた調味料を現地開発する。その国の食生活に合うような家庭料理用の調味料を作るのである。タイの「ROSDEE（ロッディー）」やインドネシアの「MASAKO（マサコ）」といったそれぞれの国の味覚に合った万能調味料や、ベトナムの「Aji-ngon（アジゴン）」というだし調味料などがある。他にも、フィリピンでは「GINISA（ギニサ）」、ペルーでは「Donagusta（ドニャグスタ）」、ブラジルでは「Sazon（サゾン）」、マレーシアでは「SERI-AJI（セリアジ）」と枚挙にいとまがない。

これら海外の風味調味料は、いずれも各国の調味料市場で1位もしくは同等の地位を獲得している。現地法人が商品コンセプトを開発し、形も現地適応化する。心も形もその国独自のものとなる。

そして第3には、日本に原型のある加工食品を現地化し、移転する。缶コーヒーのバーディーや乳性飲料のカルピスラクトなどである。これは商品の起源は日本にあるが、味や甘さなどのレシピやパッケージは現地化している。心は日本でありながら、形は現地に適応している。

このように、まず味の素は標準化移転の過程で必要不可欠なうま味調味料を届け、食文化の違いに対して、現地で独自商品を開発し、各国の日本食や文化への需要を利用した日本発の商品を現地向けにアレンジすることで成功してきたといえよう。

味の素が海外市場で成功した理由は、もちろん「おいしく食べる」という普遍的な価値を追求する商品を提供してきたという点もあるが、それ以上に、このような徹底した現地化こそがここまで広範囲にお客様に認知される味の素ブランドを作る基礎となったといえよう。

また、店頭での直接売り込みや1グラムサンプリングなどのコミュニケーション戦略を徹底したことで、味の素ブランドを広く確立することができたという点も忘れてはならない。独自の物流を作り、価格体制を整備し、販売の基本活動を実践し、直売システムを支える組織、管理体制を実現する過程で、できるかぎり現地語を使い、「現場」「現物」「現金」を重視する「三現主義」を原則としてきたといわれている。これにより、販売員が1軒1軒現地の伝統的な小売店を訪問し、製品を運び、販売していく現金直販体制を実現することができた。現金での取引は、貸し倒れを防ぐことができる。また、小売店の側から見ても、現金を支払い仕入れた商品に対しては、売ろうという意識が高まる。これが結果的にここまで味の素を浸透させる要因にもなったのである。これにより、味の素は日本とは違う流通構造をもつ東南アジアで自社独自の商流や物流を構築することができた。

また、現地に根ざした製品を、現地が受け入れやすい形で提供することにも力を入れている。アジアなどの新興国市場において特に特徴的なのがパッケージの小ささである。1つのパッケージ自体も、現地の消費者が購入しやすいように、小分けで安価、各国の通貨単位を基準として作られている。従来のように、大きなパッケージでのまとめ買いしか選択肢がなければ、それぞれの国のボリュームゾーンである貧困層（BOP層）にとっては、高価すぎる。しかし、ワンコインと低価格で少量のパッケージならば気軽に購入することができる。また、小さな出店が軒を連ねる伝統流通においても、少量のパッケージであれば、売り場を選ばず、受け入れてもらいやすい。以上の理由から、BOP層が味の素を購入するために、低価格・少量パッケージという形で販売することは必要不可欠であった。

以上のような取り組みはまさに現地それぞれのユーザーベネフィットを最大限に満たそうとした結果である。このようにして味の素は、「誰でも気軽に買える」(affordable)、「どこにでもある」(available)、「使っておいしい」(applicable) という現地の消費者のニーズにこたえ続けてきたことが再確認できる。

3 アニメ産業の海外進出―日本国内市場の飽和―

次に、大きく視点を変えて、日本企業のユニークな現地化について、まったく別の事例として、アニメ産業の事例を考えてみたい。クールジャパンの言葉が定着しつつある昨今、日本のサブカルチャーの人気・評価は世界中で高まっている。特にその中でもアニメの存在感は非常に大きく、アジア各国における国別のアニメ人気アンケート調査では、アメリカ等を抑えて圧倒的な人気を誇っている（**図表1－2**）。

しかし、そのようなアニメ産業がビジネスとしてうまくいっているかというと、実はそうではない。アニメの海外売上高比率を見ると、ライバルである韓国の3分の1から4分の1程度に留まっており、輸出額では日本の114万ドルに対し、韓国が97万ドルと迫っている。また、国内のアニメ産業の総売上高は、ここ10年ほど1兆3千億円程度の規模で横ばいになっている（**図表1－3**）。

図表1－2　アジア各国における国別のアニメ人気アンケート調査

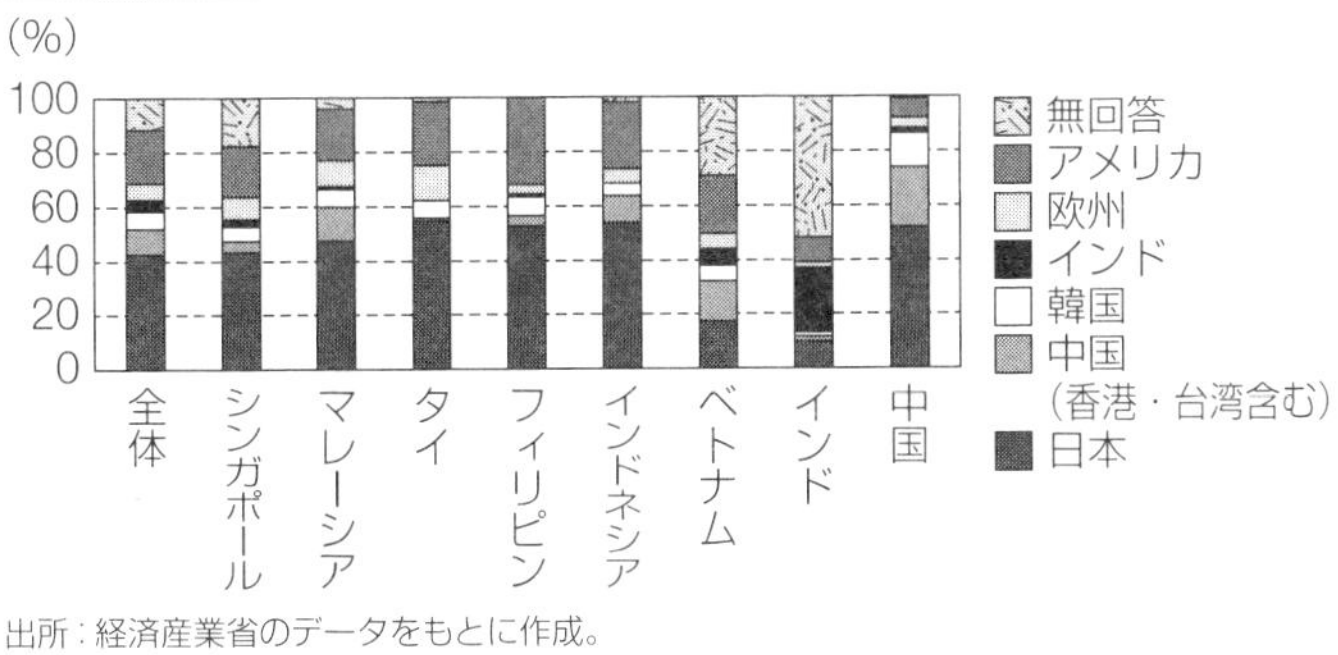

出所：経済産業省のデータをもとに作成。

視聴媒体別で見ても、インターネット配信が増える一方でビデオが下げ止まりになるなど、市場が飽和していることがうかがえる。

人口や所得の伸びを考えれば、日本のアニメ産業は、飽和した国内市場に留まるのではなく、海外市場、特にアジアなどの新興国において売り上げの伸びしろに着目することが必要不可欠な課題といえそうだ。

そこで、海外売上高の低さの原因と、その解決への取り組みをあわせて紹介し、その上で、新たな日本アニメ界の試みとして「アニメの現地化」が行われていることに注目してみたい。

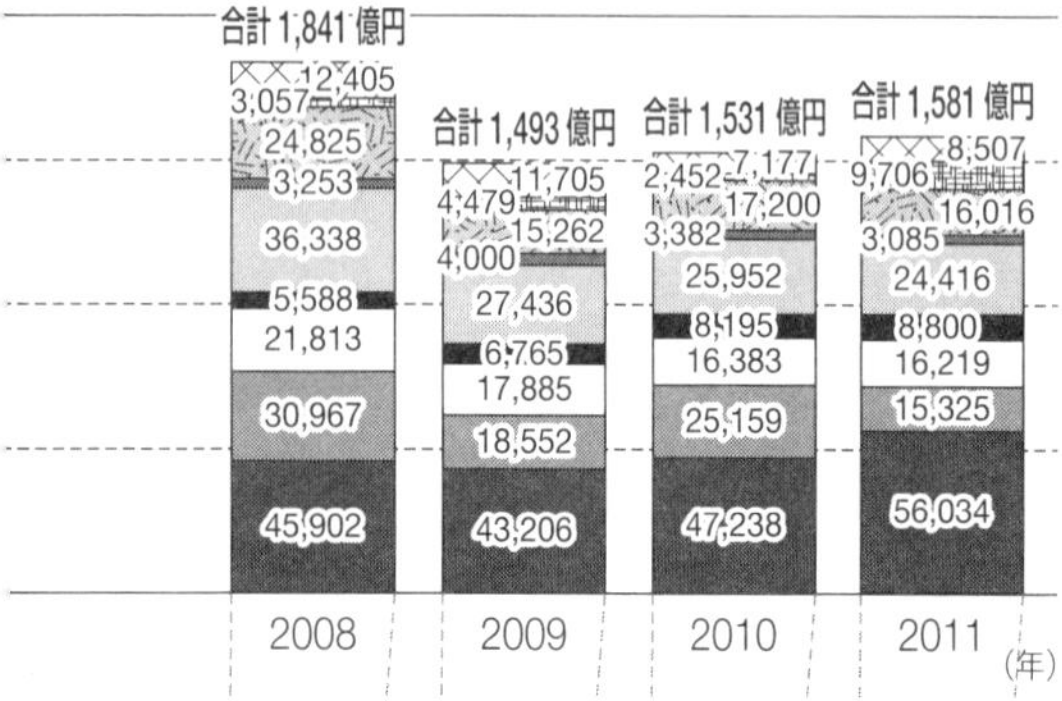

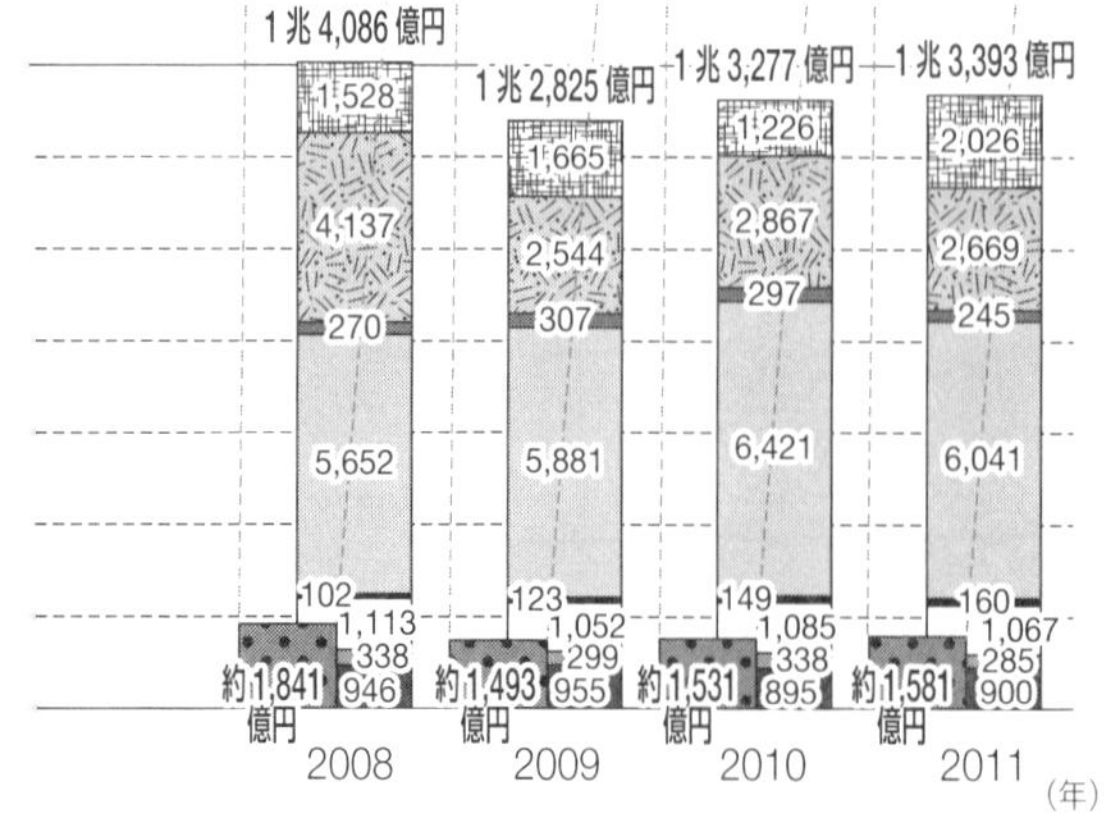

図表1−3　日本のアニメ市場の推移

上段はアニメ業界市場（アニメ制作会社の売上を推定した狭義のアニメ市場）の推移である。下段はアニメ産業市場（ユーザーが支払った金額を推定した広義のアニメ市場）の推移である。業界市場、産業市場を比較すると、圧倒的にアニメ産業＝ユーザー市場が大きい。

アニメ業界市場（全ての商業アニメ制作企業の売上を推定した狭義のアニメ市場）の推移［2002～2011］

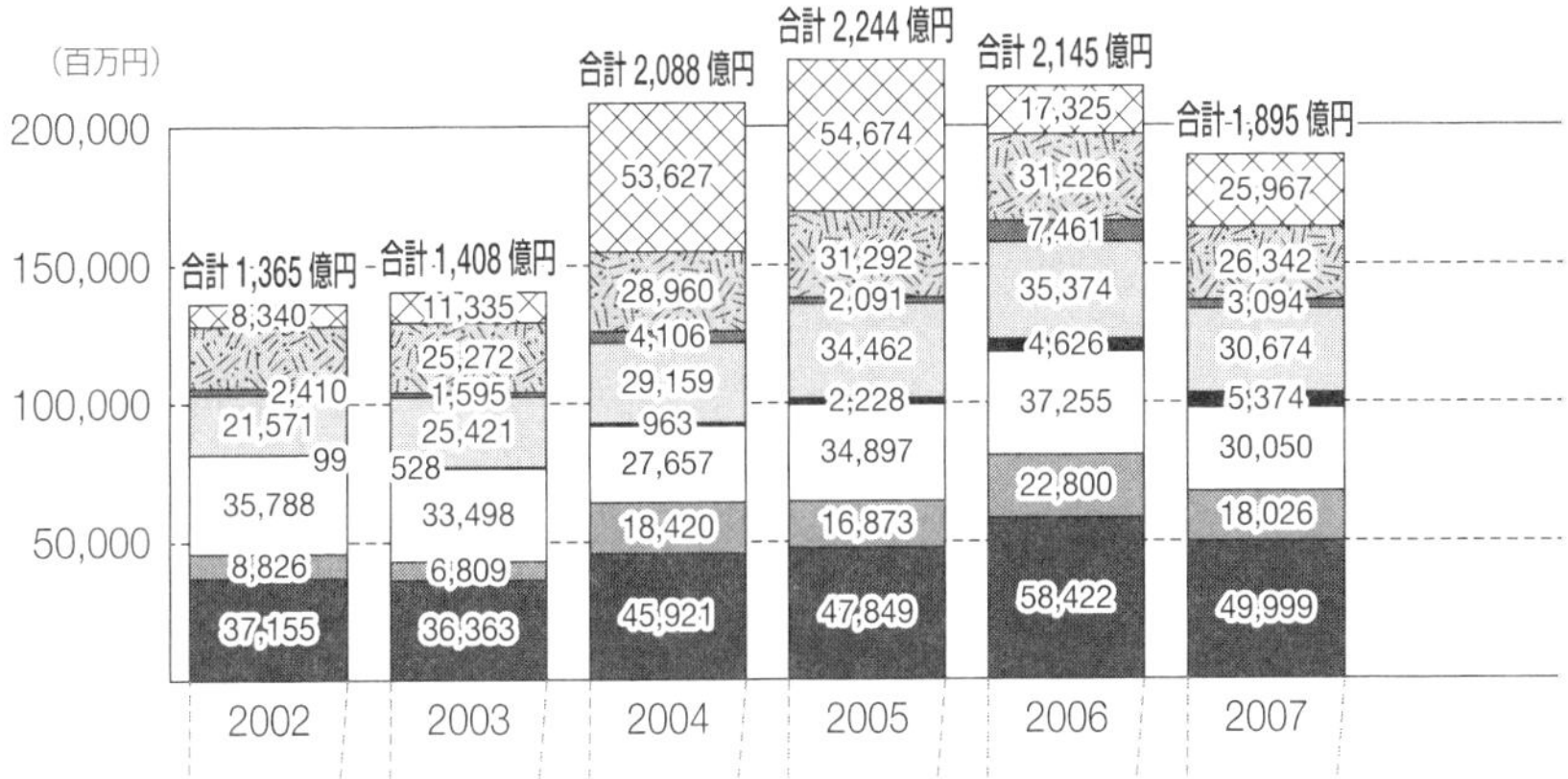

アニメ産業市場（ユーザーが支払った金額を推定した広義のアニメ市場）の推移［2002～2011］

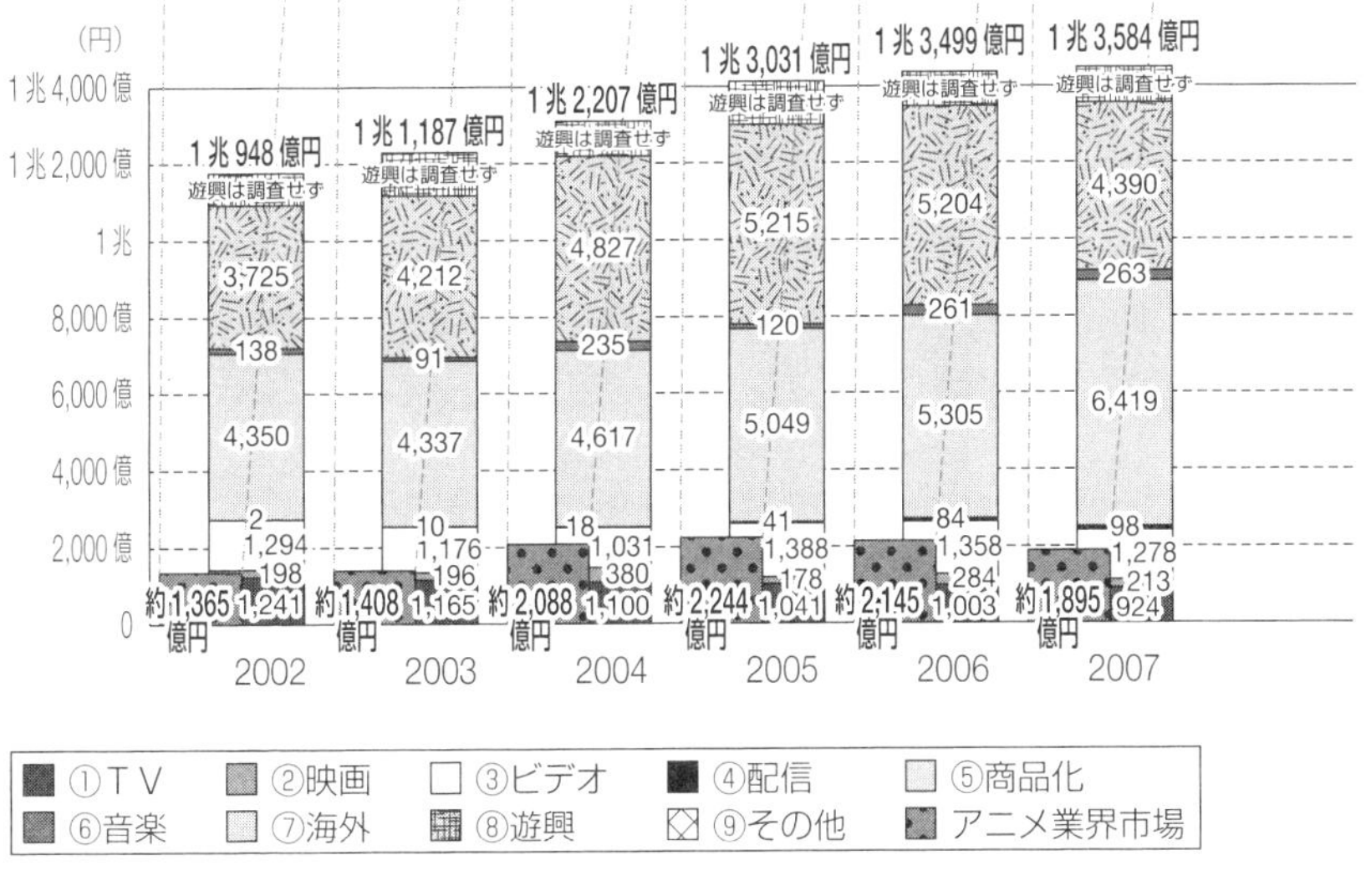

出所：日本動画教会「日本のアニメ市場（業界・産業）の推移 2013年度版」。

海賊版による被害

なぜ日本のアニメ産業は海外ビジネスにおいて成功を勝ち取れていないのだろうか。まず、最も直接的な収益減の原因と考えられるのは、DVDなどの海賊版やインターネットでの違法アップロードである。特許庁「2012年度模倣被害調査報告書」によると、海賊版の被害額は判明しているだけでも年間1250億円に上り、逸失利益の大きさが窺える。ただ、その取り締まりに対しては、日本の制作会社はそれぞれの売り上げ規模の小ささから、米国ディズニー社などに比べて対策費も十分に投入できていない状態である。もちろん対策として、政府間・業界団体での取り決めや法制度の整備によって、年々摘発状況は改善されてきているが、抜本的な摘発はまだまだ難しい状況である。

さらに近年、増加しているのが、いわゆるファンサブ（愛好家たちの自主団体のこと）による違法アップロードだ。積極的なファンサブの中には、海外で放送されたコンテンツに翻訳をつけ、違法にアップロードする行為をする組織があり、海賊版の品質の劣化やインターネットの普及に伴い活動を活発化させてきた。彼らのほとんどはボランティアであるため、ファンサブによる「作品」は無料で誰でも視聴できる。その上、原作との放送時間差が小さく、ただ翻訳をつけただけのものがアップロードされるため、かえって原作の魅力が伝わりやすいという皮肉な現実がある。海外の配給会社が日本のアニメ作品にオファーを出す際に参考にしている媒体も、ファンサブの作品である場合が多いほどだ。

ファンサブ現象や海賊版が起こる原因を探ると、視聴者が金銭的な出費を抑えたい、もしくは金銭をかけるほどではないが無料であるから見ている場合と、そもそも視聴媒体がそれらしか無く、見ざるを得ない場合の2通りであることが浮き彫りになる。そのため、いずれの場合も海賊版を取り締まったところで、正規品の売り上げにつながらず、その分がアニメの売り上げ増につながるとは考えにくい。つまり海賊版問題やファンサブ問題は、日本のアニメ業界の収益不振の根本的な原因ではないと考えるべきである。

日本におけるアニメの製作形態

次に指摘するのは、日本独特のアニメの製作形態によって海外売上が阻害されているという可能性である。そもそも、日本のアニメの製作形態には、TV局が企画してアニメの制作会社に委託することにより製作する直接委託方式と、アニメの利益上の関係者が製作委員会を組織し、共同で製作・出資する製作委員会方式（**図表1－4**）の2種類があり、90年代以降は後者が主流になっている。その背景としては、アニメの収益は作品がヒットするか否かに大きく左右されるため、制作費を単独で受け持つことはリスクが高いのはもちろん、投資や融資の対象としてもリスク分析が難しいため、資金調達が困難になるという状況があった。そこで、単に複数の出資者から資金を集めることによるリスク分散の効果だけでなく、その出資者には著作権を共有させて、アニメの二次利用の権利を窓口権として与えられるというメリットを付けることで、出資を促す方式を採用したのだ。ちなみに、1話（30分）で平均1000万円の制作費がかかるテレビアニメは、実はテレビ放送だけでは赤字になることも多く、DVDやグッズの販売などの二次利用によって収益を確保していることが大半である。それだけ、アニメ制作において二次利用権は重要なのである。そのため、二次利用の事業を本業とする会社によって効率よく利益を出すことは、アニメ制作会社にとってもメリットとなる。

このような製作委員会方式は、6割が資本金1000万円以下という日本のアニメ制作会社にとっては、実は非常に適した方式であるといえる。しかしこの方式こそが海外展開を図る上でのデメリットも発生させてしまっている。

まず、海外で日本のアニメを放送するには、各国の放送コードに対応させるために、過激な表現などの修正を行う必要がある。通常、著作物に変更を加える場合は著作権者の許可を得る必要があるが、製作委員会方式で作られたアニメの場合、著作権者が複数に上るため、その全員の許可を得る必要が生じるのだ。そのため、原作の放送から海外での放送を

図表1－4　政策委員会方式の相関図

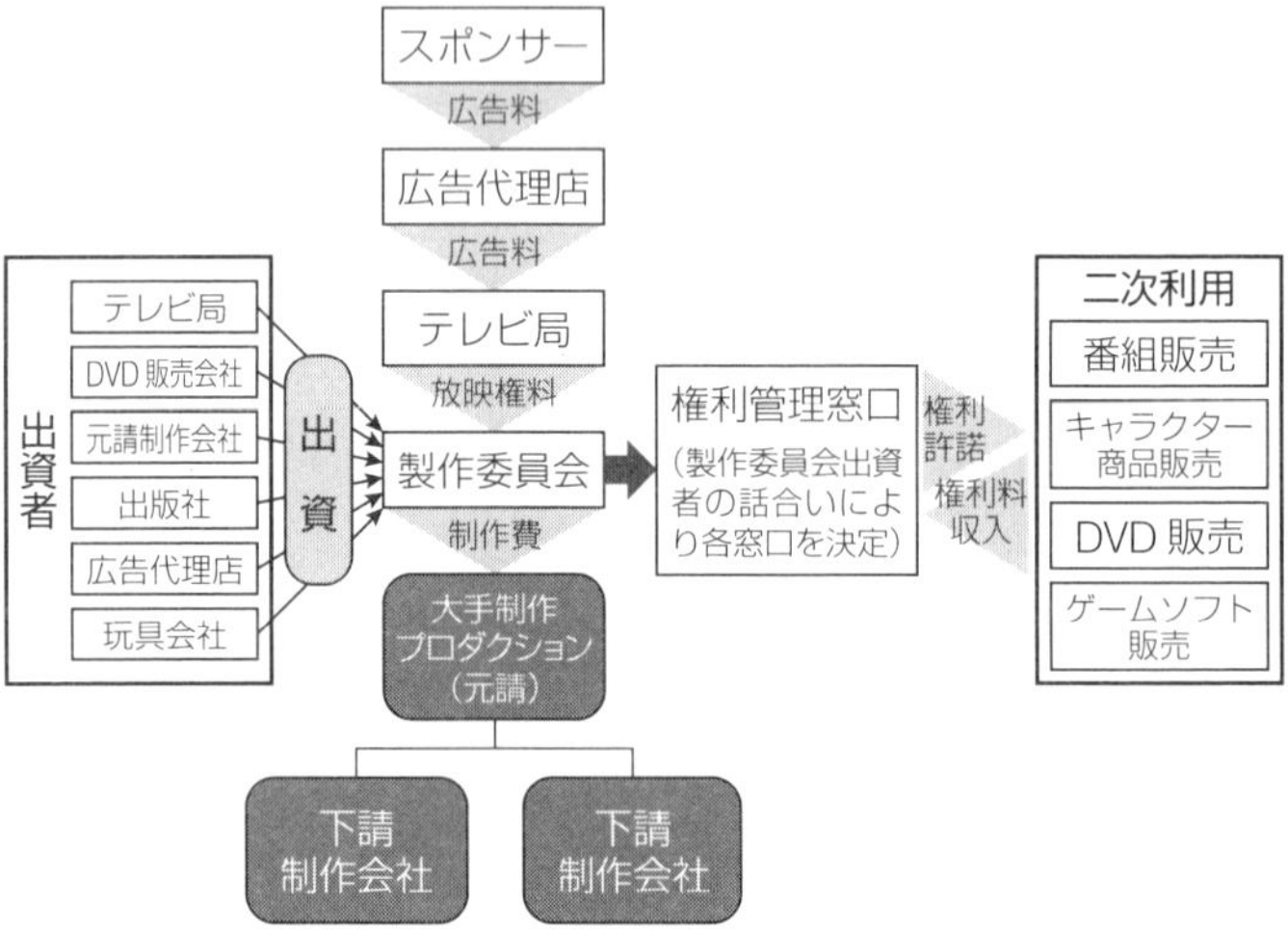

出所：公正取引委員会アニメーション産業に関する実態調査報告書。

行うまでに日数がかかることや、そのやり取りを行うことが海外の配給会社の負担になっている。また、海外での二次利用を進めるにあたって、現地の配給会社から見て、製作委員会内の誰が海外販売の窓口権をもっているのかが分かりづらいことや、そもそも海外での二次利用権を想定していない場合もあり、海外展開のチャンスを無にしていることもある。さらに、製作委員会では出資配分により力関係が決まるため、比較的大きいテレビ局などの関係会社が窓口権をもつことも多く、その会社の能力が海外で配給するには不十分であるなどの指摘もある。実際に、そのため日本政府は、輸出時の著作権処理の一元化を目指して、音楽や映像コンテンツなどをそれぞれ集約することで、輸出の促進を図っている。同時に、海外の事業者に比べて規模が小さい日本の制作会社の代わりに輸出を推進するため、海外チャンネルの買収やスポンサー集めなどを行うオールジャパンでの社団法人の設立に向けて動き出している。ただ、著作権収入がメインの制作会社などとの協調がどれほどうまくいくかは未知数である。

新たな現地化手法の開発（インド版「巨人の星」の事例）

このような現状を抜本的に解決する方法として注目される手法が、「現地化」である。一口に現地化といっても、単純に現地の放送コードに従って原作の要素を置き換えるのでは、前述のとおり失敗してしまう可能性が高いので、原作の魅力や内容を熟知した上での作品の世界観の維持と、現地の文化や宗教、嗜好に通じた変換を両立しなければならない。そのためには、従来のように現地のテレビ局や配給会社に任せきりにするのではなく、現地のスタッフと日本のスタッフが共同で原作の世界観を守りながら現地化を図ることも必要になってくる。そして、その役割は製作委員会内で海外販売の窓口権をもつ配給会社だけでなく、作品の内容や製作委員会における承認問題のステップを最もよく知る制作会社こそが適任であると考えられる。つまり制作会社は制作工程を担うだけでなく、二次利用の中心的役割も担うのだ。アメリカのような制作会社の二次利用における保護規定もなく、製作委員会方式での出資による分配獲得も難しい日本の制作会社にとっても、著作権収入の増加による収益増が見込まれるというメリットもある。

しかしながら、その国ごとに言語や放送コードは異なる上に、文化や習慣によって好みは異なるので、既存のアニメの小変更では対応できない場合もある。そこで新たな手法として注目されるのが、国際的なリメイク放送である。映画やドラマでは以前から行われてきた手法であるが、日本のアニメや漫画原案の作品を海外製作で作り直すことだ。ただしここでいうリメイクとは、単純に過去に放送された作品の二次利用権利を与えるのではなく、海外の放送コードや文化にあわせて作品の内容や表現を大幅に制作し直すことを想定している。

その代表例が、いわゆるインド版「巨人の星」、「Suraj: the Rising Star」である。「Suraj: the Rising Star」は日本の講談社と制作会社の「トムス・エンタテイメント」、インドの制作会社「DQ Entertainment」による日印合同製作のアニメで、主にインドに進出している日系企業がスポンサーについて放送に至った。インドの現在の社会状況が、原作の「巨人の星」がヒットした当時の高度成長期の日本と似ていることから、市場選択をしたのである。

われわれが取材した結果としては、放送チャンネルが一般的ではないことや、アニメのクオリティー自体が高いとはいえなかったこともあり、インドでの認知度は期待を上回るまでにはいかなかったが、今後のモデルケースとして注目に値する作品になったことは間違いないだろう。例えば、言語的な意志疎通の難しさや作業工程の違い（声を吹き込む順序など）などの障壁があることを再認識し、海外でのローカルコンテンツ制作に日本が携わることの難しさが浮き彫りになった。

しかし、収穫もあった。例えばインドの視聴者はインド原作のアニメだと思っているほどに現地化が成功しており、共同制作の主旨は達成できたことや、市場選択の適合性は証明された。出資企業を募るためとはいえ、かなり過剰な印象も受けるプロダクトプレイスメントによる露出が違和感なく受け入れられており、むしろ出資企業のブランドが作品にリアリティをもたらしているとの現地スタッフの意見もあった。そして、話題性においてはインドよりむしろ日本での宣伝効果があるなどの収穫もあり、今後は日本語での公開も視野に入れているという。

アニメの現地化にはまだまだ課題も多いが、国際共同製作の流れが加速する中にあって、単なるコストカットの手段ではなく、現地化のパートナーとして海外の制作会社を見直すことが、海外市場での売り上げを伸ばすうえでは有効である。さらに、制作会社にとっても二次利用収入をより得られることが期待されるため、今後は活用するべき取り組みである。

4 商品に適した市場の選択（教育産業の事例）

ところで、現地化のもう1つの方法として、企業が提供する商品に適している市場への展開を行うことで、自社の製品をより受け入れてもらいやすくするという戦略も考えられる。

かつて日本が強みをもっているといわれていた車や電化製品のような「モノ」を中心とした産業ではなく、文化が異なるために一見海外への進出が困難と思われるような飲食業、小売業などのサービス産業において、新たな市場を求めて海外への事業展開を盛んに行い、一定の成功を収めている例を見ることができる。

ベネッセ、公文式、ヤマハ音楽教室などの日本を代表する教育産業は、まさに海外で成功を収めているサービス産業の好例であろう。

例えばヤマハ音楽教室は海外展開としては１９６５年からアメリカでの音楽教室をスタートし、世界の40ヵ国以上でビジネスを行っている。２００５年からは中国での音楽教室事業をスタートし、現在では中国に約30の教室を開講しており、５０００名以上の生徒を有している。より速い、難しい曲を弾けるようになど、教育効果を求める中国の文化に対して、「子供が音楽を聞ける耳を育て、豊かな人生を送ること」をコンセプトとして、展開を行っているという。このような音楽教室事業と同時に楽器の販売事業を進めていくことで、音楽教室事業によって音楽を楽しむ層を増やし、マーケットを拡大することで、商品需要も喚起することを狙っている。

また、教室でのプリントを用いた自学自習のメソッドで知られる公文式は、海外駐在員の子供のために1974年からアメリカで教室を始めたが、その後現地の人々の口コミでその教育効果が知られるようになり、また世界の各国からの現地のオファーを受け、2013年現在では47ヵ国において400万人以上が公文式の教室で学習を行っている。

また、ベネッセコーポレーション（以下、ベネッセ）の幼児向け事業「こどもちゃれんじ」の中国展開も興味深い例の一つである。以降ではベネッセの事例について詳細を見ていきたい。

ベネッセの中国展開

ベネッセは、主に「こどもちゃれんじ」や「進研ゼミ」をはじめとする通信教育事業や出版事業などを行っている企業である。そのほかにも、「1人ひとりの『よく生きる』を実現するための支援を行う」という企業理念を軸として、「ベルリッツ」のような語学教育事業や、老人ホームのような介護事業など、幅広い活動を行っている。このうち、中国市場への展開を行っているのは、ベネッセの事業の核ともいえる、幼児向け通信教育事業の「こどもちゃれんじ」である。

ベネッセは2006年から「こどもちゃれんじ」の中国事業「楽智小天地」を開始した。ただし中国では出版、教育といった思想・表現にかかわる分野において外資規制が存在しているため、中国の企業であり、児童関連の出版等の事業を行う「中国福利会」をパートナーとし、まずは合弁の形式で事業を進めていった。その後2008年には独資の販売会社を設立し、中国福利会が出版を行った商品を仕入れ、それをベネッセが販売する形式で事業を行っている。

中国国内にもベネッセ以外の早期教育を目的とする商品やサービスは存在するものの、暗記を重視するものや詰め込み式の教材が多くなっている。これに対してベネッセの「こどもちゃれんじ」ではシールや玩具を教材に使用することで遊びの要素を取り入れたり、しつけのための内容、マナーを教える内容といった、学習だけでない全方位的な子供の成長を支援する教材を提供することで、他の企業、サービスとの差別化に成功している。

中国での展開方法

ベネッセは中国展開に際し、当初のまったく知名度がない状態を打開するため、まず商品を実際に使ってもらい、商品の良さを実感してもらうことを目標とし、展開を進めていった。具体的には商品の無料サンプルを郵送などの形式で配布し、実際に商品を体感してもらい、その後電話を用いて営業を行うという方法をとっていった。この際には、すでに中国展開より前の1989年から同じ東アジアで行っていた、台湾での「こどもちゃれんじ」事業の経験を生かすことが意識された。実際に台湾事業にかかわった社員が中国事業に加わったことで、台湾で効果があった電話での営業を行うテレマーケティングを導入して営業活動を行うことで、会員数拡大を行った。

また、教材をそのまま翻訳するのではなく、中国の親、子供が抱える独特の問題を顧客へのヒアリング、大学との協力といった方法によって調査することで、中国の生活・文化・環境などを反映させた商品を開発し、中国向けに現地化された教材を作り上げていった。さらに、中国の保護者がもつ高い教育ニーズに対応して、英語のあいさつなど、日本の教材よりもハイレベルな内容を取り入れているといった特徴もある。ここにも、台湾市場への展開の際に、日本の教材の翻訳版を持ち込んだ結果、失敗したという過去の経験が生かされている。

現在では上海をはじめとする都市部に位置するショッピングモールに「こどもちゃれんじ」のコーナーを設けることでさらに直接教材を見てもらう機会を増やすなどの工夫を行っている（**図表1－5**）。このような

図表1–5　上海のショッピングモール内の「こどもちゃれんじ」コーナー

写真：安藤惇也撮影。

ショップ形式の展開は、現在では中国全土の100カ所以上に広がっている。

このような努力から、ベネッセの「こどもちゃれんじ」、およびキャラクターである「しまじろう」（中国名「巧虎」）の中国での認知度は上がってきており、2013年4月時点での会員数はおよそ51万人にまで増加した。さらに、利益の面から見ても、2014年3月期には中国事業の営業損益が黒字に転換する見通しとなっている。また、「こどもちゃれんじ」事業の好調に合わせ、対象となる会員が小学生になってからの需要も満たすため、小学生向けの商品開発を積極的にすすめ、さらに育児関連事業にも事業の拡大を進める動きも見せてきている。

中国市場がなぜ良かったか

中国市場における特徴として、まず一人っ子政策や中国の厳しい学歴社会を主な要因とした、子供を家庭の中で「小皇帝」として扱って大事に育てるとも表現される、中国の教育熱の高さがあげられる。また、子供の優しさや思いやりを伸ばすことを重視する傾向がある日本の親に比べて、中国の親や保育者は子供の個人の能力を重視する傾向があることから、早期教育に対する関心が高いことがうかがえる。このような中国市場の特徴から、幼児向けの教育産業であり、子供への成長の思いの実現を目指すことをコンセプトとするベネッセの「こどもちゃれんじ」が比較的受け入れられやすい土壌が中国には存在していたといえるだろう。

このような中国市場の特徴へのマッチングと、商品の現地化といったマーケティング戦略、さらに台湾、韓国などの比較的文化の近い東アジア圏でのそれまでの事業展開の経験を生かすことにより、中国におけるベネッセの「こどもちゃれんじ」事業の展開は成功するに至ったのであろう。

5 国内の3つの事例の比較

ここまで、味の素、日本のアニメ産業、ベネッセを例として、日本企業の海外展開の現状について説明してきた。ここで、いったんここまでの内容を整理してみよう。一見すると業種がまったく違うので比較対象にならないようにみえるかもしれないが、3つの具体例をとおして、成功している日本企業の海外展開においては、いずれの場合も「ユーザーベネフィット」が最重視されていることがわかる。「商売なのだから当たり前だろう」と思う読者もいるかもしれない。しかし、後に詳述するが、海外企業と比較するとわかるが、実は当たり前ではなく、気がつきにくい隠れた日本企業の特徴ということができる。たとえ顧客が日本人ではなくても、日本企業は国籍を問わず、顧客のメリットを追求することがビジネスの基本だという考えが身についている。

それぞれの例に沿って説明すると、まず味の素は海外展開において、買いやすさ、使いやすさ、喜びの追求のために商品や流通といった面を作り替えることで成功してきたといえる。日本のアニメ産業の海外輸出に関しては、現在の日本でのビジネスモデルの限界を超えるため、現地化と共同制作を行っている。教育産業のベネッセの例では、中国という伸びる市場を選び、さらに現地調査を徹底することで現地のニーズをつかむ、という戦略がとられている。

これらの日本企業の海外展開を概観すると、1つの共通点が浮かび上がる。それは、海外展開をする際に、進出先の現地の消費者や産業組織に合わせて、自社のビジネスを大きく変更し、さらに場合によっては新しくビジネスを創造しているという点である。これは、それぞれの産業、企業が国内市場でのビジネスにおいて、量的な限界を迎えていることに由来するものだといえるだろう。そして、海外市場への進出によって、ビジネスを柔軟に変更・創造する現地化を行っていると考えられる。

6 グローバル展開を行う世界の企業

次に、海外の企業に目を向け、日本企業の海外展開とどのような点が異なるかについて見ていきたい。日本と海外の企業の比較をするため、ここまで例示した企業の展開方法に合わせ、ＢＯＰではユニリーバ、アニメはディズニー、そして教育産業ではＥＴＳを取り上げる。

重要な点は、ここまで説明してきた日本企業の海外展開と、これから見ていく世界の企業のグローバル展開の間の対比構造である。本章の冒頭で提示した**図表２－１**を再確認してほしい。対比構造を頭に入れた上でここからの内容を読み進めていただくと、理解の助けになると思われる。

ユニリーバのＢＯＰ戦略

ユニリーバは、食品・洗剤・ヘアケアなどを扱う世界的な家庭用消費財メーカーである。イギリスの石鹸会社リーバ・ブラザーズとオランダのマーガリン会社マーガリンユニが１９３０年に、パーム油不足を背景に１９３０年に経営統合したことがこの企業の成り立ちである。一般消費財メーカーとしては、Ｐ＆

G、ネスレに次ぐ第3位の多国籍企業である。

ユニリーバは、1956年にヒンドゥスタン・ユニリーバ（HUL）という子会社を設立した。HULは日用消費財のインド最大手企業であり、約3万3000人の従業員が働いている。ここではHULの商品でヨード欠乏症を防ぐ働きをもつアンナプルト・ソルトの事業に関して見ていこう。

ヨードとは化学物質の1つであり、首の付け根の甲状腺から作られる。ヨードは、発育や細胞の新陳代謝を促し、細胞でのたんぱく質生産を可能にする甲状腺ホルモンを作り出すのに不可欠なものとして知られている。そのため体内に十分なヨードがなければ、ヨード欠乏症を患うことになる。ヨード欠乏症は、深刻な精神遅滞、ろうあや部分麻痺などの障害を引き起こす。日本でなじみがないのは、日本人は魚や海藻をたくさん食べ、海藻を作物の肥料に使っているため、ヨード欠乏症にはあまりかからないからだといわれる。しかし、バランスの良い食事を食べられない貧しい人々は、別の供給減からヨードを摂取しなくてはならない。ヨード補給に使われる媒体としては、ヨードを添加した食塩、飲料水、パンなどがあげられるが、中でも食塩は社会的な階層や地理的な区分を超えてあらゆるところで消費される数少ない必需品であるため、ヨード添加塩が最も優れたヨード補給のための媒体だといえる。

世界中の公衆衛生団体から圧力を受け、インドでは1997年にヨード無添加塩の販売を禁止し、食塩へのヨード添加を義務づける法律を制定した。インドにおける製塩業では、一握りの全国規模の企業が塩市場で優位な立場にあり、その下に多数の地元企業がひしめきあい、市場は飽和状態となっている。他の多くのブランドもヨード添加塩を売り出しているのであるが、最初にヨード添加と健康志向をセールスポイントとして市場に登場したのは、HULが売り出した「アンナプルナ」であった。一般食品事業部長のビシャール・ダーワンは日用食品市場でブランド品が受け入れられる可能性について調査し、塩とアタの市場に参入することを決定した。1995年、テストマーケティングとして、アンナプルト・ソルトを売り出すが、差別化ができず、限定的な成功に終わった。1997年には、HULが初めてヨード添加をセールスポイントにして塩の販売を行う。2000年にはアンナプルナはHULが特許をもつヨード添加技術を使ってリニューアルされ、貯蔵や輸送、インド式調理で失われるヨードを抑えることができた。そしてこの年、遂にタタ・ソルトに次ぐ市場シェア第2位に躍進したのである。2003年4月には、新ブランド「クノール・アンナプルナ」が誕生し、インスタントスープ・補助的食品、ブランド日用食料品の3つの分野で本格的なインド料理に取り組むこととなった。

この製品は、価格設定に大きな特徴がある。この製品のターゲット層は、最貧困層とその上の中間層でも下位の層であり、25歳から40歳の母親たちである。HULはBOP層の人々には大容量の塩を買う余裕がないことを理解していたので、200グラムや500グラムの安価な少量パッケージを用意した。アンナプルナは販売するパッケージの大きさにかかわらず、均一単価で販売しているため、少量パッケージに割高価格を設定している競合よりも優位に立てることになる。

またインド全域まで製品を行き渡らせるためにHULでは、農村部への直接販売によるアプローチが行われた。この直接販売を担うのが、農村部の女性販売員たち（シャクティと呼ばれている）である。シャクティは、女性の自助グループを活用して企業家を育成し、農村部における顧客への直接訪問販売を推進する。彼女たちは、消費者に対してHUL製品の健康や衛生に対するメリットを教えたりしながら、人的ネットワークを構築する。HULはこの取り組みが需要を刺激し、HULに莫大な利益を生み出すとともに、雇用を創造することにより農村部の人々の暮らしを変えることになると主張している。

またテレビをみない貧困層の中でも認知度を高めるために、ヨードプロジェクトという広告活動が行われている。これはヨードの重要性について、直接的な触れ合いをとおして子供たちや親、教師を教育するものである。

また、農村部にはIT関連の取り組みであるi－シャクティも存在する。これは、各ディーラーが自宅にパソコンをおき、インターネットやメールができるようになっている。

図表1‒6　味の素とヒンドゥスタン・ユニリーバの比較

BOP ビジネス	味の素	ヒンドゥスタン・ユニリーバ
時期	1960年代～	1990年代～
流通	3現主義で草の根的に広める	シャクティ（女性企業家） 雇用創造
BOP ビジネスとしての意識	ない 既存食品市場全体の拡大に合わせて自社も成長	ある 新習慣を作る QOL商品のニーズのないところに0から作る
製品自体	どの国でも同じ 文明化※	異なる 現地化、付加価値をつける
広告	限定的 直接売り込み 1gサンプリング	大量投下

出所：筆者ら作成。

村の住人はコンピューターを使って、HULブランドが提供する生活改善商品についての情報が得られるようになる。2012年度には、シャクティによるディーラーは4万8000人、13万5000もの農村に浸透し、ますます広がりを見せている。

本章の前半で確認した味の素と、HULについて比較すると、**図表1-6**のようになる。同じくBOP型ビジネスといっても、その経営方法は大きく違うことが確認できるだろう。

日本アニメ産業とディズニー社の差

次にアニメ産業の比較に話を進めよう。本章の前半で述べた日本のアニメ産業の比較対象として、古くから世界中で成功を収める米国のザ・ウォルト・ディズニー・カンパニー（以下、ディズニー社）を取り上げたい。

日本アニメ産業全体の市場規模は、2011年度では1兆3393億円である（日本動画協会「アニメ産業レポート2012」参照）。それに対しディズニー社は、2011年の売上高が約3兆2712億円にのぼる（有価証券報告書より）。したがって、ディズニー社は1社だけで日本アニメ産業全体の2・5倍近くの売上高を産み出していることがわかる。この差は一体どこから生じるのであろうか。

巨大なディズニー社の収益構造の中で、実際にアニメーションを作る制作会社自体は実はそれほど大きな差を産む原因となっていないのではないかと考え、日本とアメリカのアニメ制作会社の売上高を比較してみた。日本で一番の業績を誇る東映アニメーション、ディズニー社傘下のピクサー、そしてアメリカで有数の制作会社であるドリームワークス社を見ると、**図表1-7**のように多少の差はあれど、制作会社が売上高に大きな差を生じさせる直接的な原因であるとは考えにくいことがわかる。
また、ディズニー社においてアニメ制作の収益が全体の売上高のどれぐらいを占めているかを調べてみた。**図表1-8**でわかるように、ディズニー社は5つの部門によって構成されている。売上高順に各部門の簡単な概要を説明すると、米国内外のテレビ局事業やケーブル・ネットワークなどの放送事業を司るメディア・ネットワーク部門、テーマパークやリゾートの運営・管理など

図表1-7　日米アニメ制作会社売上高比較

	売上高
東映アニメーション（2011年）	330億円
ピクサー（2005年）	318億円
ドリームワークス（2011年）	565億円

出所：各社の有価証券報告書をもとに作成。

図表1-8　ディズニー社エンターテイメント部門概要

企業名	事業概要
Walt Disney Animation Studio Pixar Animation Studios	アニメコンテンツ制作
Walt Disney Studios Motion Pictures Marvel Studios	ライブ・アクション映画製作
Touchstone Pictures Disney Theatrical Group	映画配給
Disney Nature	自然映画制作
Disney Music Group	音楽制作

出所：WDC公式サイト「http://thewaltdisneycompany.com」をもとに作成。

不動産業を営むパーク&リゾート部門、そしてアニメーション作品、ライブ、アクション映画などのコンテンツや音楽レコードおよびライブ演劇の制作を行うスタジオ・エンターテイメント部門がある。さらに、商品のライセンス事業、出版業や小売業を営むコンシューマー・プロダクツ部門、ネット関連事業を取り扱うインタラクティブ部門が続く。さて、ここで注目すべきはアニメ制作を手がける分野が含まれるスタジオ・エンターテイメント部門の売上高である。この部門には、大きく分けると以下の8つの企業が所属している。この中でアニメ制作を手がけるのは「Walt Disney Animation Studios」「Pixar Animation Studios」の2社である。この2社の売上高は明らかにされていないが、これらを含むエンターテイメント部門自体の売上はディズニー社の総売上高の約16%に過ぎず、ディズニー社にとってアニメ制作ビジネスが主要な収入源になっていないことは一目瞭然であろう。

ディズニーの強み―放送事業と不動産業の存在―

では、いったいどの部分で巨大な差が生じているのだろうか。**図表1-9**からわかるように、ディズニーの売上高の約75%近くは、メディア・ネットワーク部門とパーク&リゾート部門によって支えられていることが理解できる。大まかにいうと前者は放送業、後者は不動産業開発事業である。日本のアニメ産業界においては、これらの分野を1社が同時に内包する例は見られない。つまり、日本アニメ産業とディズニー社の売上高の大きな差は放送事業と不動産業の有無が大きな要因となっているということである。順にこれら事業の概況を見ていこう。

　まず、ディズニー社の売上高の約半分近くをあげるメディア・ネットワーク部門であるが、世界中で展開するケーブル・ネットワーク事業、米国内のテレビ・ネットワーク事業が収益の大きな柱となっており、これらに加えテレビ配給事業、ラジオ事業や出版およびデジタル事業が含まれる。ケーブル・ネットワーク事業では主に、スポーツ番組を11の言語で１９０の国や地域に配信するＥＳＰＮや35の言語で１６７の国や地域でライブ・アクション、コメディ、アニメ、教育関連など多岐にわたる番組を配信するディズニー・チャンネル・ワールドワイドやＡＢＣファミリーをもつ。これらのネットワークを用いて、当社で制作したものや第三者から得た放映権を活用しコンテンツを配信し、それらの権利料や番組間で流す広告の使用料金で収益をあげているのである。

　次にテレビ・ネットワーク事業についてはどうだろうか。主にアメリカのテレビ視聴世帯の99％をカバーし２３９の系列テレビ放送局と契約を結ぶＡＢＣのテレビ・ネットワークが核であり、ネットワーク番組内の広告料が収益の大部分を占めている。このＡＢＣというメディア・ネットワークの買収はディズニー社が規模を拡大するのに最も重視した戦略であり、このＡＢＣ社が傘下に

図表1-9　ディズニー社売上高内訳（2011年）

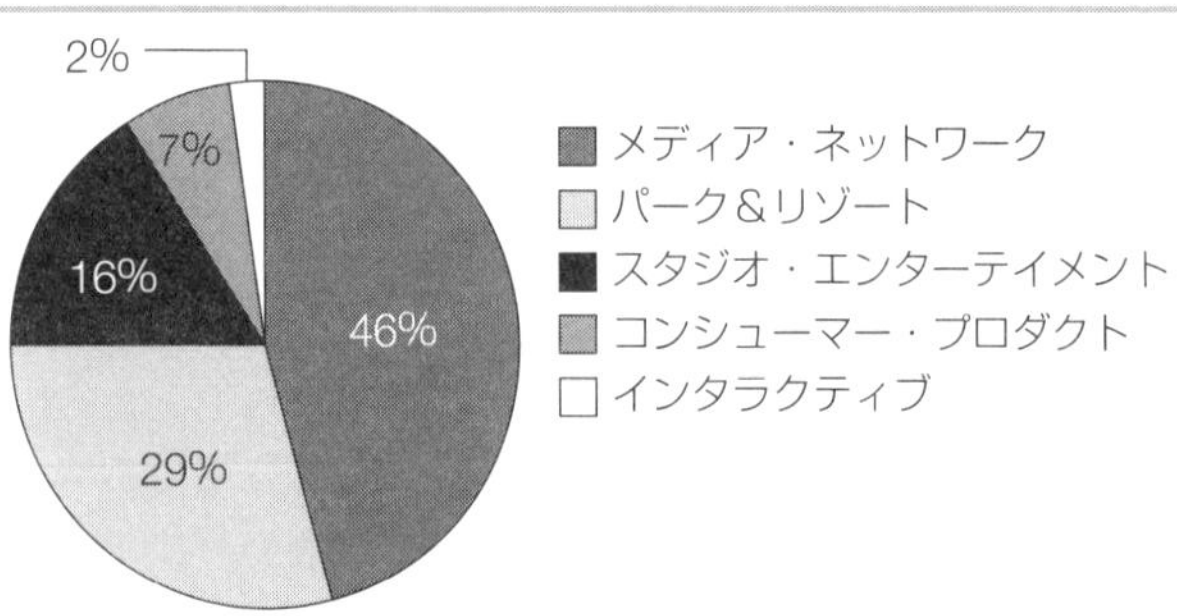

出所：「WDC 10-K 2011 Annual Report」をもとに作成。

加入したからこそディズニー社の今の地位があるといっても過言ではない。

このＡＢＣ社買収に至るまでの経緯を振り返ってみると、それは１９８０年代に遡る。当時のディズニー社はアニメーションや映画を手がける制作部門とテーマパーク部門を中心に利益を増やしてきたが、米国内のケーブルテレビや衛星放送の発達による放送の多チャンネル化に伴い収益方法も多様化し、映画での収益の悪化やヒット作不足、テーマパークの業績悪化などにより、経営が行き詰まる。そこで当時の経営者にしてディズニー中興の祖と呼ばれるマイケル・アイズナーが、シンジケーション市場（コンテンツの二次利用や販売など）を利用したテレビ番組販売からの利益の重要度の高まり、メディアのＭ＆Ａに対する規制緩和、そして放送業界の地殻変動（地上波３大ネットワークが異業種によって買収される）といった流れに乗じて、１９９５年にアメリカ地上波３大ネットワークにして、かつ最も規模の大きかったＡＢＣ社の買収を行ったのであった。当時のＡＢＣ社の規模はディズニー社よりも大きなものであり買収後の経営がうまくいくかどうか不安視されていたようだが、それは単なる杞憂に過ぎなかったことが資料から理解することができる（**図表１-10**）。

図表1-10　ABC社買収付近のディズニー社の売上高

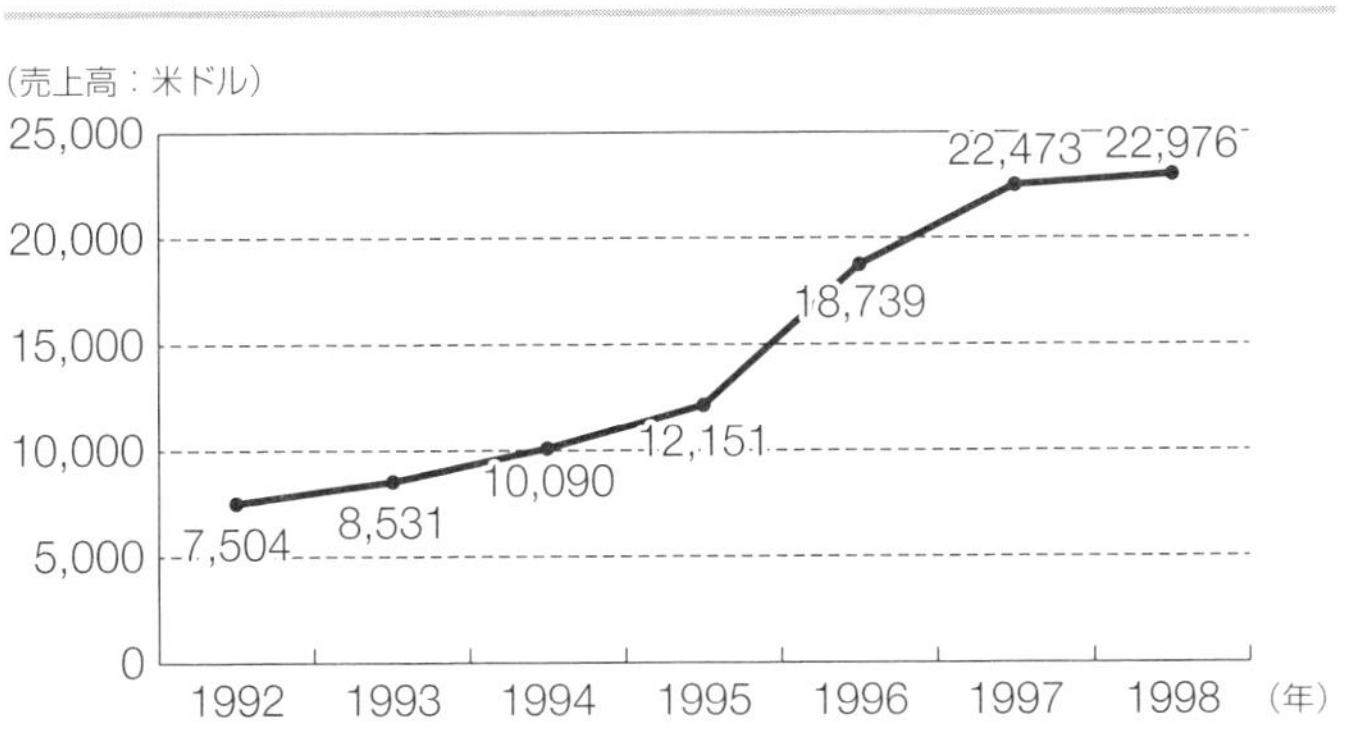

出所：「WDC Annual Report」をもとに作成。

ABC社買収（1995年）以降、ディズニー社の売上高は右肩上がりで伸びており、両者は共存し合い相乗効果をあげながら、経営を軌道に乗せていったのである。メディア・ネットワーク部門をもつことの利点としては、単純にテレビ局やテレビ・ケーブル・ネットワーク自体があげる収益に加え、自社で制作するコンテンツを人気の有無に関係なく確実に放送することができ、また広告宣伝費を自社内で回収できることもあげられる。

次にメディア・ネットワーク部門に次ぐ約3割の売上高を稼ぐパーク&リゾート部門について見ていきたい。ディズニー創設者であるウォルト・ディズニーによって1955年に創られたカルフォルニア州アナハイムにあるディズニーランドが起源であり、歴史はメディア・ネットワーク部門よりも古いものである。アニメ制作でのボラティリティやリスクが大きなアニメ制作部門の収益を補い、安定かつ多大なる収入をあげアニメファンを囲い込むなど昔からディズニー社に寄与してきたのはディズニーランド&リゾートをはじめとするテーマパークやホテル事業であった。近年にかけて事業が多角化し、ディズニーランド&リゾートも日本やパリ、香港に存在し、またクルーズ船などのビジネスにも参戦している。主な収益源としては、テーマパークの入園料、グッズ・食品などの販売、ホテルの宿泊費、クルーズ船の料金、そして不動産資産の販売やレンタルなどである。この部門をもつ利点としては、不動産自体の資産価値や、収益の安定性、そして訪問客へのディズニーコンテンツの販促効果などがあげられる。

「ディズニー」と聞くと、独創的なキャラクターが出てくるアニメや映画、はたまた夢の国と称されるテーマパークを思い浮かべる人も多いだろう。しかしそれらのイメージは巨大なグローバル企業「ディズニー」のほんの一面に過ぎない。ディズニー社の始まりこそ創設者ウォルト・ディズニーが設立した小さなアニメ制作会社であったが、今では売上高の割合に占めるアニメ制作はわずかなものであり、最も大きなものはメディア・ネットワーク事業である。ディズニー社はもはや単なるコンテンツ制作の会社ではなく、巨大複合メディア企業であるのだ。

ETSの概要・歴史

教育産業という業界においてグローバルに活躍する団体として、ここでは米国のETS（Educational Testing Service）に着目してみる。ETSという団体名に聞き覚えがなくても、リーディング、リスニングといった英語の運用能力を図るためのテストであるTOEFL、TOEICについては耳にしたこと、また実際に受験したことがあるのではないだろうか。

ETSは、1947年に設立され、米国のニュージャージー州プリンストンに拠点がおかれている非営利のテスト開発機関である。具体的な活動としては、TOEFL、TOEICなどの英語能力を図るテストや、米国の大学・大学院に入学するためのSAT（全米大学入学共通試験）、GRE（大学院入学共通試験）といった試験などを主として、約200のテストプログラムを開発している。加えて、規模の面から見ると、ETSのウェブサイトによると、作成されたテストは現在世界180か国以上で実施され、毎年延べ2400万人が受験しているという。

ETSによるテストプログラムが、なぜこのように全世界に拡大していくに至ったのか。ここからは、その裏にあるETSとそのテストプログラムの成立の背景、主要なテストであるTOEFLの広がりの経緯を見てみよう。ETSは、もともと米国教育協議会（the American Council on Education）、カーネギー財団、大学入学試験委員会（The College Entrance Examination Board）という3つの教育機関によって、標準化されたテストプログラムの開発のために1947年に作られた組織であった。ETSのテストプログラムは、その後、第2次世界大戦後の元兵士に対する大学入試を目的とした試験などに利用されるようになっていき、単なるテスト開発のための機関ではなく、より広く教育にかかわる存在へと変化していった。

代表的なプログラムであるTOEFLが拡散普及していった経緯はどのようなものであったのだろうか。かつての米国においては「英語が公用語」という位置づけが明確には存在しておらず、語学教育に対する関心は高いとはいえなかった。しかし、そのような状況が変わるきっかけとして、第2次世界大戦後、世界各地から米国に留学する学生が増加したことがあげられる。そのような流れの中、留学生が大学の講義についていけるかどうかを確認するため、英語力を図るテストの必要性が認識されるようになっていった。もともとは1960年代当時、米国で唯一ミシガン大学が、ミシガンテストという留学生向けに英語能力を測る言語テストの開発、実施を行っていた。それを全国より広い規模で利用できる留学生用の言語テストを作ろうと、ミシガンテストの形式を引き継ぐ形で1964年にETSによってTOEFLが開発されることとなったのである。そうして、今や130以上の国々の大学や機関で選考基準としてTOEFLが使用されるようになった。

7 社会的テーマの重要性

このように、日本企業のグローバル化の比較対象として欧米の多国籍企業を見てみると、必ずしも「ユーザーベネフィット主義」にこだわることなく、むしろ市場の構造そのものを大きく変化させる戦略、いわば「市場ゲームチェンジ主義」に基づいて、長期的に、理想的な社会的テーマを目指していることが浮かび上がってくる。業種は違うものの、ユニリーバ、ディズニー、ETSの3社は、なんらかの「社会的テーマ」に基づく企業理念を明確にもち、当該市場の社会や国がより良い方向に向かうように、市場・社会そのものを変えようとしている姿がある。

CSV

欧米の多国籍企業が社会的テーマをもとに事業展開を進める理由としては、CSVという概念があげられる。CSVとは、creating shared value の略であり、「共通価値の創造」のことである。これは、ハーバード大学ビジネススクール教授のマイケル・E・ポーターが中心となり提唱している概念である。ここでいう共通価値の創造とは、企業が事業を営む地域社会の経済条件や社会状況を改善しながら、みずからの競争力を高める方針とその実行、と定義される。共通価値を創出するにあたって重視すべきことは、社会の発展と経済の発展の関係性を明らかにし、これを拡大することである。つまり、中長期的な視野をもって、社会的状況や経済状況を鑑みて、社会的意義のある事業活動を行っていくことで、より企業経営を堅実に行っていくことを目指すものである。

例としてユニリーバの企業理念を見ていこう。

『ユニリーバの歴史は、1880年代に生まれた1つの石鹸「サンライト」から始まりました。この石鹸は、衛生的な習慣がなかった当時のイギリスに「きれいになる」「きれいな家に住む」という新しい喜びを届け、人々の暮らしを変えていきました。ユニリーバは「環境負荷を減らしながらビジネスを2倍に」という目標を掲げています。その実現に向けて、消費者の皆さまに心からご満足いただけるブランドやサービスをお届けします。「すこやかな暮らし」「環境」「経済発展」の3つの分野で2020年までの数値目標およびアクションプランを設け、各国で取り組みを進めています。』
（HPより抜粋）

ここにある3つの分野での中長期目標については、図表1－11のとおりである。

このような健康・環境・経済発展といった社会的テーマを目標や理念におく多国籍企業は、それ自体が消費者から幅広く支持を受け、多様な製品をグローバルに販売していける。実際に、企業理念そしてそれに基づくブランド構築によって、ユニリーバは調味料やスキンケア、デオドランドなど7つのカテゴリーで世界シェア1位を、ヘアケア・衣料用洗剤では2位を獲得し、20億人以上の消費者から支持を受けている。持続可能な事業を行

図表1－11　ユニリーバのサステナブル・リビング・プランにおける中長期目標

すこやかな暮らし	●2020年までに10億人以上がより衛生的な習慣を身につけられるよう支援します。 ●2020年までに5億人以上が安全な飲み水を得られるようにします。 ●2020年までには、国際ガイドラインが定めた最も厳しい栄養基準を満たす商品の割合を倍に引き上げます。
環境	●製品のライフサイクルから生じる温室効果ガスによる負荷を2020年までに半減させます。 ●消費者が製品を使う際の水使用量を2020年までに半分にします。 ●製品廃棄の際に生じる廃棄物を2020年までに半分にします。
経済発展	●原料として使用する農作物を2020年までに100%持続可能なものにします。 ●2020年までにさらに50万以上の小規模な農家と流通業者をユニリーバのサプライチェーンに迎えます。

出所：ユニリーバサスティナブル・リビング・プラン2012年の進捗。
http://www.unilever.co.jp/Images/USLP_2yr_Progress.J_tcm56－370677.pdf

うことが、企業の単なるイメージアップに留まることなく、戦略的なビジネス展開になり得ることをユニリーバの活動事例は示してくれている。

ディズニー社はどうか。ディズニーチャンネルは167カ国35言語に対応するなど、ディズニーアニメは世界中で視聴されている。これほどまで世界中にファンを増やすことに成功した要因として、世界各地に放送網をもつことなどさまざまな理由があげられるが、ディズニーという企業自体のもつ「社会的テーマ」はきわめて重要な理由といえよう。ディズニー社は使命として、「何百万人という人々を幸せにする」「健全なアメリカの価値観を讃え、育み、広める」ことを掲げている。また理念として、「皮肉な考えを決してしない」「一貫性と細部にこだわる」「想像力・夢・創造力を活かして絶えず進歩する」「ディズニーという魔法のイメージを徹底的に管理し守る」ことなどがある。これらの使命や理念は、ディズニー社が創るコンテンツやサービスの随所に表れている。例えば、ディズニーコンテンツの特徴としては、毎回必ずといってよいほどハッピーエンドで終わるストーリー展開、また日本のアニメに見られるような暴力・性的なシーンがまったく見られないなどがあげられる。このようなディズニー作品を特徴づける言葉として「ディズニー化」というものがある。この言葉はイギリスの社会科学者A・ブライマンによって「文化や歴史の無菌化のプロセス」「ある対象を表面的なもの、または単純すぎるとさえいわれているものに変容させること」と定義されている（『ディズニー化する社会』参照）。ディズニーはコンテンツの「ディズニー化」を徹底（ときには原作の内容を作り替える）しているからこそ、民族・宗教・人種などの壁を乗り越えて世界中にコンテンツを供給することができるのである。

また、ディズニーの創設者であるウォルト・ディズニーが1965年に公表した「EPCOT構想」の例も注目すべきものである。EPCOTとは、Experimental Prototype Community of Tommorrow の頭文字をとったもので、日本語にすると、未来の実験的なコミュニティのプロトタイプである。この計画の内容は、実際に人々が生活する空間を作り、空間内のすべてが質的に高いレベルに設定された独立した都市計画であった。特に、米国の都市の弱みである公共交通機関の問題の解決を重要視し未来型の移動手法を提案している。その詳細は、都市の中心にハブとなる施設をおいて、そこから放射状に伸びる都市構造と、環境に配慮された輸送手段（排気ガスを出さないなど）を用いるものであった。結局この計画は実現しなかったが、EPCOT構想で取り上げられた都市計画は世界の至るところに存在するディズニーのテーマパークに用いられている。各テーマパークの中心部にはランドマークとなる建物が存在しており、テーマパーク内を移動する手段として環境に配慮されたモノレールが走っている。

ETSの例ではどうか。TOEFLの広がりの裏には、ETSがもつテスト開発機関としての理念が関係していると考えられる。ETSは、理念として、「公平で妥当な評価、リサーチ、関連サービスの提供を通じて、教育の質と公平性の向上に貢献する」こと、「ETSの製品とサービスによって世界中の人々の学びを推進し、教育と専門能力の向上を支援する」ことの2点を掲げている。

これらの理念を象徴するETSの特徴として、ETSは「教育研究と分析、公正かつ有効な評価、革新的な製品開発と研究をとおして、世界中の教育の発展に貢献すること」を目標に、開発したテストを素材とした調査を行い、その調査結果の多くをウェブサイトなどで公表している。

日本の教育産業であるベネッセの海外展開と、ＥＴＳのＴＯＥＦＬの世界での広がりを比較してみると互いの違いが明確化されて興味深い。ベネッセ「こどもちゃれんじ」の海外展開は、２００６年からスタートした中国展開においては、非常に急速なスピードで会員数を伸ばしていることが特徴である。開始してから3年の２００９年では15万人、さらに２０１３年現在では50万人あまりの会員数を獲得している。

これに対し、ＥＴＳのＴＯＥＦＬは、開始から３年の１９６７年の時点では、世界全体で約３万５０００人の受験者数であった。また、ＥＴＳによって公開されてい TOEFL Test and Score Data Summary のデータによると、２００４年の時点での世界全体の受験者数は約60万人であり、実施国は約１８０ヵ国となっている。さらに見ると、日本や韓国のように8万人近くの受験者を要する国もある一方、数十名しか受験者がいない実施国も存在し、単純に一国当たりの平均の受験者数を考えると、およそ３０００人となる。これは、先ほどみたベネッセの中国のみで50万人あまりという会員数と比べて非常に少ない値となっていることがわかる。ＥＴＳのＴＯＥＦＬでは、世界中の人々の英語能力を適正に測り、英語圏への留学を支援する、という「社会的テーマ」をもち、またその共通試験という性質上、多くの人が受験することに意味があるため、数十名しか受験者がいなくても試験を行っている。それに対しベネッセは、中国の大都市圏を中心として50万人あまりの会員がおり、また、展開している国も現在のところ中国、台湾、韓国のみである。ベネッセとしては、長くビジネスを行ってきた日本と同じ東アジア圏での展開に注力することによって、それまでのノウハウを活かし、より成功の可能性を上げているといえる。また、大都市の展開に集中することで、どこでも受けられるものではない、質の高いサービスを提供している、という印象を顧客に与えることも考えられる。

8 「ユーザーベネフィット主義」VS「市場ゲームチェンジ主義」

「現地化」というキーワード

味の素、日本のアニメ産業（インド版『巨人の星』）、ベネッセといった海外展開に成功する日本企業、産業が有している共通点は、海外市場の顧客にとっての利益（ユーザーベネフィット）を第一に考えて海外展開を行うことで市場に受け入れられることを目指す、いわば「ユーザーベネフィット主義」と呼べるものであった。このような姿勢を裏づけるものは、海外展開に際しての「現地化」という戦略である。味の素であれば商品を小分けの袋で販売することで単価を下げ、新興国の収入の低い消費者にも買いやすくする、またその進出先の国の人のニーズに合う商品を新たに開発して販売するといったことがあげられる。インド版『巨人の星』「Rising Star」の例であれば、インドの視聴者になじみのない野球をクリケットに変更することで視聴者に受け入れられること、またその劇中に登場する日本の製品について親しみをもってもらうことを狙いとしていた。中国において教育産業のベネッセが展開する幼児向け事業「こどもちゃれんじ」の例であれば、使われている言語をただ中国語に翻訳するというだけではなく、一から中国市場向けの教材を開発し、さらに内容のレベルをやや高めに設定し、中国の保護者が求めるものを提供するようにして展開を進めていったことがすでに説明された。

このように、進出先の国の習慣、文化、消費者の好み、経済状況などに合わせた商品・サービスを開発し、提供していくという戦略である「現地化」を行うことで、海外の異なる文化圏の人々に受け入れられることを目指し、知名度や人気を獲得していくことが日本企業の海外展開の特徴といえるだろう。

「現地化」に対してのグローバル企業の「統一化」

それらに対して、海外のグローバル企業は、顧客の利益を満たすというよりも、自社にとっての理想的な「社会的テーマ」をもち、それに向かって現在の市場自体を変化させることを目標としている、と見ることができる。このようなグローバル企業の特徴は、繰り返しになるが、日本企業がもつ特徴である

「ユーザーベネフィット主義」と対比するならば、「市場ゲームチェンジ主義」と呼ぶことができるだろう。例えば、アニメ産業におけるディズニーであれば、夢のあるキャラクターや毒気がなく誰でも楽しめるストーリーの作品を子供たちが楽しめるような世界に、またＥＴＳであれば、世界中のすべての人の英語学習を助け、また欧米の大学で適切な学習ができるような英語能力の評価ができるように、といった具合である。明確な「社会的テーマ」をもち、現在の市場を理想的なものに変化させるために活動を行っていると見ることができる。

グローバル企業がもつ「市場ゲームチェンジ主義」という特徴は、製品・サービスについての戦略にも影響を与える。日本企業の「現地化」による展開に対し、グローバル企業は製品・サービスを変更せずそのままの形で海外市場に提供する、いわば「統一化」「標準化」を目指す。というのも、理想的な「社会的テーマ」を実現するために、現在の市場から理想的な状態の市場へのゲームチェンジを行うためには、海外市場への現地化を行い、顧客に受け入れられることを目指すよりも、自分たちが目指す「社会的テーマ」にとって理想的な製品・サービスを提供する必要があるためである。

日本企業の「井戸掘り型」展開とグローバル企業の「ダム建設型」展開

このような日本企業とグローバル企業のそれぞれの海外展開の方向性によって、実際のそれぞれの海外展開にどのような違いが生まれるのだろうか。ここまで見てきたように、日本企業の「現地化」という戦略は、提供する製品・サービスは海外市場の人々に受け入れられやすくなり、短期的な視点で見ると利益を得やすい方法である。しかし、海外市場に提供する製品・サービスごとにそれぞれ現地化を行わなければならず、現地化のためのマーケティングにかかるコスト、時間が多く必要になるという問題点がある。消費者のニーズを水に例えるならば、日本企業の手法は、1つひとつの製品やサービスを提供するたびにコスト、時間などがかかっていく、つまり、水が湧き出る場所を1つひとつ探してはその場所を掘る「井戸掘り型」の展開ともいえるであろう。

それに対して、グローバル企業が行う海外進出は、自社の提供する商品・サービスを市場に提供することで、理想とする「社会的テーマ」に市場全体を変えていこうとする動きと見ることもできる。つまり、短期的に海外市場で利益を上げる、という日本企業と異なり、長期的に市場全体のゲームチェンジを行おうとする動きと捉えることができる。このような発想に基づいたグローバル企業の海外展開においては、はじめに製品・サービスが受け入れられるまではある程度の困難があるかもしれない。しかし、一度市場に受け入れられ、浸透することでその市場に変化が起きれば、その「社会的テーマ」に沿った製品・サービスであるならば市場に売り込みやすくなっていくと考えられる。例えば、ディズニーのアニメで一度キャラクターやストーリーが浸透してしまえば、類似のキャラクターが登場するアニメや、似たテーマをもつストーリーのアニメなどが受け入れられやすくなり、またテーマパークなどの他の事業の売上にもつながるだろう。また、ETSのテストであれば、英語学習という習慣を根付かせることができれば、さらに他の英語能力を図るテストプログラム（TOEFLなど）が有用になってくるだろう。このようなグローバル企業の海外展開は、日本企業の「井戸掘り型」の展開と比較するならば、時間がある程度かかるが一度大きな「社会的テーマ」を根付かせることでその後の進出がしやすくなる、つまり消費者ニーズを自ら大量に作り出して蓄積し、一気に放水する「ダム建設型」の海外展開と見ることができるだろう。

9 日本企業がすべきことは何か

一見まったく違う3つの業種を平行的に国際比較することで、「ユーザーベネフィット主義」を貫く日本企業と「市場ゲームチェンジ主義」を掲げる世界のグローバル企業とで、世界展開の戦略の違いが明確に浮かび上がってきた。そこで本章の結論として、日本企業が世界のグローバル企業と渡り合うために目指すべき姿を少し論じてみよう。

「現地化」と「統一化」の調和

日本企業が今後世界戦略に向けてとるべきは、従来から得意としてきた「現地化」の戦略と、業績や規模などさまざまな面で優位に立つ世界のグローバル企業のとる「統一化」という戦略を、「いいとこ取り」をしてうまく融合していくことであろう。従来通りに「現地化」だけを押し進めても現状を打破することはできそうにない。かといって、いきなり海外企業の戦略をそのまま活用しようとしても、ノウハウの無さ、資金不足、異なる法制度など、内部的・外部的要因の両方で海外企業との違いがあるため困難である。例えば資金難にあえぐ日本のアニメ制作会社に、ディズニーのように膨大な資金を投与して地上波ネットワークを買収して世界中に放送網を確保するような離れ業ができるであろうか。教育産業の事例においても、アジアの島国の言語である日本語をいくら「世界中の教育の発展に貢献する」という社会的テーマをもって普及に努めても、世界共通言語である英語を扱うETSのように成功するするのは不可能である。

そこで、日本企業とグローバル企業両者のいいとこ取り、つまり「現地化」と「統一化」の調和のとれた戦略をとることを目指すのである。具体的にいえば、ブランド戦略などをはじめ、商品やコンテンツ、サービスの核となる部分（=社会的テーマ）を本社主導で統一して世界戦略を立てながら、現地企業や人とも十分な連携をとって現地のニーズを最大限に汲み取る手法である。統一化戦略の例でよく引用されるコカ・コーラ社においても、本社のある米国で生産される原液が使用されている「コカ・コーラ」のみ全世界共通で販売され、製品の標準化がなされており、他の製品は各地で培った「コカ・コーラ」のブランド力をもとに、各市場の嗜好に合わせた製品が販売され、現地化が行われているのである。また、映像コンテンツにおいてはブランド・ライセンス・マーケティング等を本社主導で完全にコントロールして作品の修正・リメイクを一切認めていないディズニーでさえも、グッズなどを扱うコンシューマープロダクツ部門では、現地法人を作ってその国独自のグッズを販売している。さらに教育産業においては、公文式が教材の内容は変えずに指導する先生を現地の人にして現地化と標準化のバランスを考慮した方法を採用していることがあげられる。

　このような調和を見つけ出すための有力かつ具体的な方法としてM&A（買収および合併）戦略があるだろう。事実、昨今の企業向けの調査においても、海外での事業展開を進める上で日本企業がとる手法として「買収およ

図表 1-12　JT 海外たばこ事業販売数量の推移

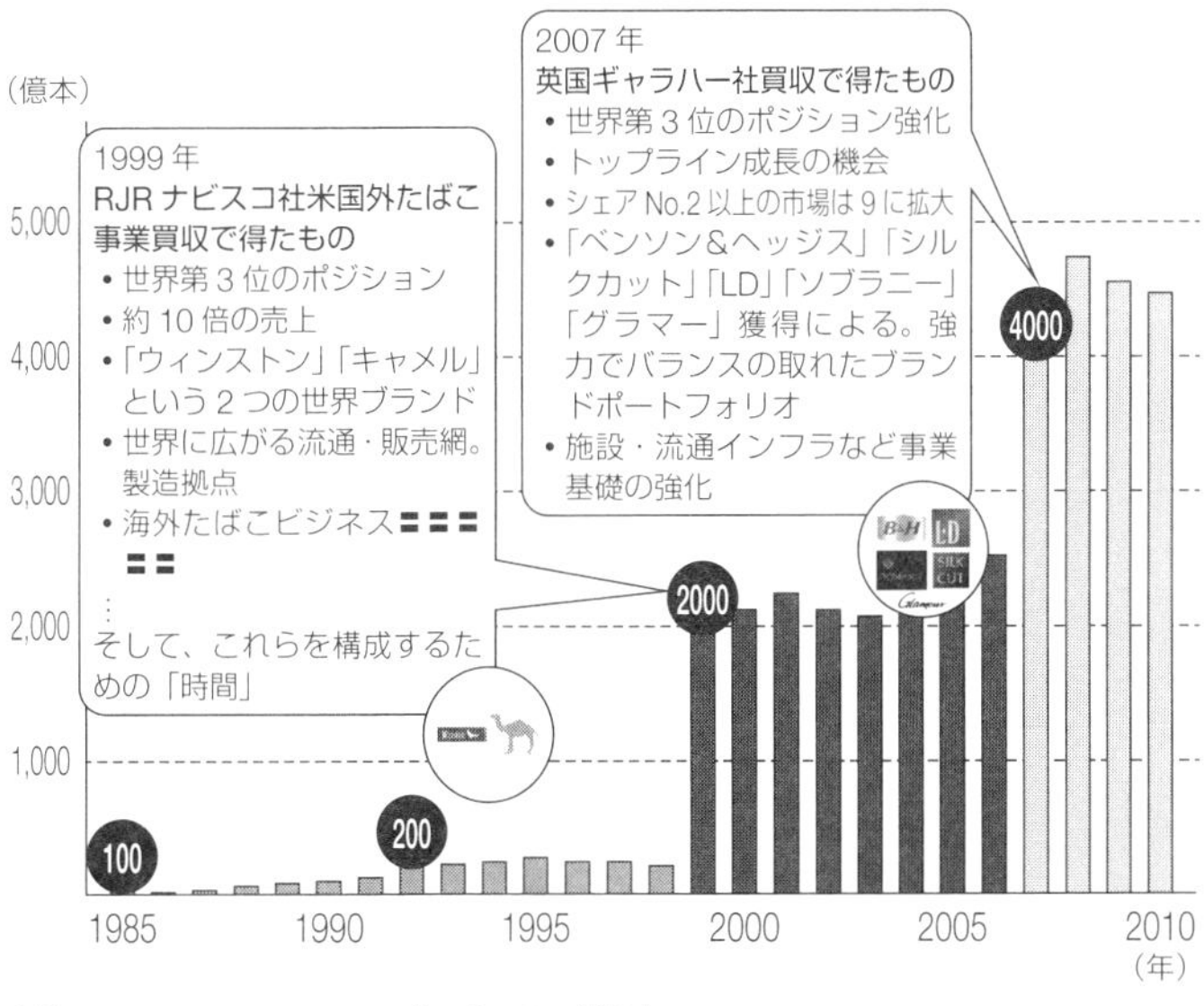

（億本）
5,000
4,000
3,000
2,000
1,000
1985
1990
1995
2000
2005
2010
（年）
100
200
2000
4000
1999 年
RJR ナビスコ社米国外たばこ事業買収で得たもの
• 世界第 3 位のポジション
• 約 10 倍の売上
• 「ウィンストン」「キャメル」という 2 つの世界ブランド
• 世界に広がる流通・販売網。製造拠点
• 海外たばこビジネス
⋮
そして、これらを構成するための「時間」
2007 年
英国ギャラハー社買収で得たもの
• 世界第 3 位のポジション強化
• トップライン成長の機会
• シェア No.2 以上の市場は 9 に拡大
• 「ベンソン&ヘッジズ」「シルクカット」「LD」「ソブラニー」「グラマー」獲得による。強力でバランスの取れたブランドポートフォリオ
• 施設・流通インフラなど事業基礎の強化

出所：JT Recruiting site 2014「JT の M&A 戦略」。

び合併」は有力な方法の1つとしてあがるようになってきている(「2012年度日本企業の海外事業展開に関するアンケート調査―ジェトロ海外ビジネス調査―」参照)。M&Aは必ずしも期待通りの成果をあげるわけではないが、M&Aによって業績を向上させている世界のグローバル企業の例は数多くある。ディズニー社はまさにその典型ともいえる。

近年、日本企業でもM&Aを行う事例が増えており、成功させている企業も少なからず存在する。例えば、世界的なM&A戦略を成功させている日本企業としては、日本たばこ産業(JT)があげられる。JTは企業のDNAともいえる「主体性」をベースに本社主導のもと外部の力を借りずに買収を行い、買収した企業に多くの権限を委譲して現地での戦略を任せる手法で成功してきた(**図表1-12**)。あくまで一例ではあるが、「統一化」と「現地化」のバランスのとれた戦略としてM&Aがこれまで以上に活用されるようになるのではないかと考えらえる。

参考文献

東浩紀著編集・宇野常寛・千葉雅也・速水健朗・北田暁大・鈴木謙介(2010)「理想地図β vol.1」。

新井ゆたか(2010)『食品企業のグローバル戦略 成長するアジアを拓く』ぎょうせい。

アラン・ブライマン(2008)『ディズニー化する社会』明石ライブラリー。

有馬哲夫(2001)『ディズニー千年王国の始まり―メディア制覇の野望―』NTT出版。

折橋靖介（１９９０）「国際環境差異とグローバル戦略」『国士舘大学政経論叢』第４号（通号第74号）。

経済産業省（２０１２）「コンテンツの海外展開施策について」（http://www.meti.go.jp/commitee/kenkyukai/seisan/cool_japan/pdf/011_05_00.pdf）。

経済産業省（２０１２）「コンテンツ産業の成長戦略に関する研究会報告書」（http://www.meti.go.jp/press/20100514006/20100514006-3.pdf）。

経済産業省（２０１２）「クリエイティブ産業海外展開強化に向けた調査報告書」（http://www.meti.go.jp/committee/kenkyukai/seisan/cool_japan/pdf/011_s02_00.pdf）。

経済産業省（２０１３）「クリエイティブ産業の現状と課題」（http://www.meti.go.jp/committee/kenkyukai/shoujo/creative_industries/pdf/001_s01_00.pdf）。

国立国語研究所編（２００６）『世界の言語テスト』くろしお出版。

ザ・ウォルト・ディズニー・カンパニー有価証券報告書（http://v20.ufocatch.com/bparts/search.cgi?query=&ec=E05824&sector=&page=1）。

島田英樹（２００９）「商品開発で差別化を図る―教育ビジネスのベネッセ―」『ジェトロセンサー』９月号 日本貿易振興機構。

上智大学コミュニケーション学会（２００５）「米国の放送メディアをめぐる所有規制の推移」『コミュニケーション研究』35号、１０５－１１６頁。

ジョン・テイラー著（矢沢聖子訳）（１９９０）『ディズニー王国を乗っ取れ』文藝春秋刊。

政府模造品・海賊版対策総合窓口（２０１３）「模倣品・海賊版対策の相談業務に関する年次報告」（http://www.meti.go.jp/press/2013/06/20130628004/20130628004－3.pdf）。

日本動画協会（２０１２）「アニメ産業レポート２０１２」（http://www.aja.gr.jp/data/doc/sangyo_report2012.pdf）。

林廣茂（２０１２）『AJINOMOTO　グローバル競争戦略』同文舘出版。

ベネッセホールディングスウェブサイト「アニュアルレポート　ダイジェスト２０１２『こどもちゃれんじ事業の中国展開』」(http://www.benesse-hd.co.jp/ja/ir/doc/library/annual/ar2012j.pdf)。

本田正典（２０１０）「週刊東洋経済２０１０年12月11日号『ベネッセのしまじろう　中国子ども市場を開拓』」東洋経済新報社。

三原龍太郎（２０１０）『ハルヒ in ＵＳＡ　日本アニメ国際化の研究』ＮＴＴ出版。

劉海紅・倉持清美・金敬華（２０１１）『東京学芸大学紀要』62巻2号「日本と中国の子供の育ちに関する意識：日本と中国の親と保育者の比較から」

ユニリーバ「企業理念」(http://www.unilever.co.jp/aboutus/ourvision/default.aspx)。

ユニリーバ「ユニリーバ・サステナブル・リビング・プラン２０１２年の進捗」(http://www.unilever.co.jp/Images/USLP_2yr_Progress_J_tcm56-370677.pdf)。

ＥＴＳウェブサイト「About ETS:Who We Are」(http://www.ets.org/about/who/)。

Ｃ・Ｋ・プラハラード（２００５）『ネクストマーケット』英治出版。

Ｄ＆Ｉパートナーズ用語詳細「ユーザーベネフィット」(http://www.dipartners.co.jp/glossary/detail.php?-id=650)。

JT Recruiting site（２０１４）「ＪＴのＭ＆Ａ戦略」(http://www.jti.co.jp/recruit/fresh/sogo/2014/index.html)。
M.E.Porter（１９８６）'Competetition in Global Industries, Harvard Business School.
（土岐坤・中江萬治・小野寺武夫訳『グローバル企業の競争戦略』ダイヤモンド社、１９８９年）。

ＷＤＣ公式サイト（http://thewaltdisneycompany.com）。

WDC 10-K 2011 Annual Report.

第2章

売る前に見せる

1 『クール・ジャパン』に見る日本政府のビジョン

これまで日本企業の多くが独自に海外市場を開拓してきた。前章で取り上げた味の素の取り組みや、日本産業を牽引する自動車各社の世界進出など、まさに枚挙に暇はない。それらの会社個々の地道な「井戸掘り型」の海外事業展開の中で積み重ねられてきた多くの成功が、日本の世界市場における高い評価につながっているのは疑いのない事実だ。しかし反面、欧米企業の「ダム型」の手法と比較するとスピード感やコストパフォーマンスの面で弱さが見てとれるのは前章で指摘したとおりである。

そんな今、企業個々で海外進出をする従来とは異なる新たな海外進出の形が生まれようとしている。その一例がクール・ジャパン構想だ。２０１０年６月８日、経済産業省製造産業局に「日本の戦略産業分野である文化産業（クリエイティブ産業：デザイン、アニメ、ファッション、映画など）の海外進出促進、国内外への発信や人材育成等の政府横断的施策の企画立案および推進を行う」という趣旨のもと『クール・ジャパン室』が設置された。設立当時、「クリエイティブ産業を新たな柱とし、２０２０年までに世界市場のうち８～11兆円の獲得をめざす」という目標が掲げられ（２０１１年当時は約２・３兆円）、政権交代後の安部政権下においても「クール・ジャパン推進会議」がスタートしている。

有名プロデューサーの起用などで話題にもなったクール・ジャパン官民有識者会議では「新しい日本の創造」というタイトルの提言（2011年5月12日）の中で次のように述べられている。

（前略）……日本人自身が日本人のクリエイティビティを、海外の目線も借りながら再発見するプロセスを通じて、誇りと自信を高める機会とすべきではなかろうか。そして、そのクリエイティビティの力で新たな経済モデル、新たなライフスタイルを、それを支える地域社会のあり方、街のあり方、くらしのあり方を構想していくことが重要ではないだろうか。

日本列島には既に「宝の山」がある。それを裏付ける例として、以下のような事象が見られる。

近年、海外で、日本人自身が気づかないうちに、①日本のポップカルチャー、ファッション、食文化、デザイン、建築、現代アートなどが高い人気を呼んでいる。②現代文化だけでなく、歌舞伎や能などの伝統文化も世界的なブームである。③日本各地の伝統工芸品や繊維素材が海外の高級ブランドによって再評価され、世界の富裕層向けの商品として売り出されている。

……（略）……

日本列島にある「宝の山」を梃子に新たな経営モデル、ライフスタイルの確立を急ぐ必要がある。

そのためには、①日本各地に存在する宝を日本人自身が再発見し、ブランド化し、世界へ発信する、

②これらを世界市場へ向けた新たな輸出商品として育成する、③これらの海外展開で日本が稼げる産業生態系を構築する。④世界から本物を求めて観光客が訪問する、という大きな流れを作ることが大切である。

少子高齢化が進み国内産業が縮小することが見通され、海外進出が声高に叫ばれる中で、従来の「個々の企業の自社努力で海外進出する」スタイルのみならず、「日本のモノを〝日本というブランド〟として輸出していく」スタイルで拡大を狙おうという政府の意図が汲み取れる。

2 クール・ジャパン構想の現状

クール・ジャパン構想が先述のビジョンのもとで進むものの、数字を見てみると未だ現状にあまり変化が見られない。クール・ジャパン関連の世界市場は、2009年の463・9兆円から2020年には932・4兆円に拡大すると見込まれる中、日本企業の海外売上高は約2・3兆円であり、世界市場での日本企業のシェアは0・5％にとどまっている。また、コンテンツ産業について見ると、今後世界市場において年平均6％規模の拡大が予測される一方、ここ2〜3年のわが国の市場は横ばい・縮小傾向にあるとともに、日本のコンテンツの海外輸出比率（約5％）は米国の比率（約18％）と比較して約3割にとどまり、しかも輸出のうち家庭用ゲームの売上げがほとんど（98％以上）を占めている。報道や先の提言を見るかぎりにおいては、たしかに日本独自のモノが海外でも流行っているようになんとなく思われるものの、ニッチな市場での人気を獲得しているにとどまり、クール・ジャパン着想のきっかけとなったクールブリテンや韓国政府の取り組みに見られたような大きな経済・市場規模の変化は未だ起きていないといえよう。

こうした現状の背景を経済産業省は次のように分析している。

クール・ジャパン企業が抱えるボトルネックとして、

1. これまで海外で日本の商品・コンテンツ等を売り込む経験・蓄積が乏しく、海外での収益モデルに係る不透明感が払拭できず、単独でのリスクの大きい海外投資に躊躇していること。
2. 足がかりにすべき海外の拠点がないこと。
3. 金融機関、投資家等がリスクマネーの供給に慎重になり資金が不足していること。
4. 情報・ノウハウが不足していること。
5. 現地での消費者への訴求力（ブランド力）が弱いこと。

などを指摘している。

以上の問題点にアプローチするべく2013年6月、「クール・ジャパン推進支援機構」設立法が成立した。クール・ジャパン推進支援機構とはクリエイティブ産業が海外に進出する際の支援を行う組織で、国から500億の資本提供が行われ設立された。

以上をまとめると、数字の面での大きな変化は起きていないものの、クール・ジャパン構想のビジョン策定からその達成を行うための具体的アクションの第一歩となる支援機構設立まで進んでおり日本を売り出す体制は整ってきているように思われる。では、政府サイドが「クール・ジャパン事業」という形で支援を拡充する状況において個々の企業はどのような次なる一手を打っていく必要があるのか、以下で見ていきたい。

3 売る前に見せる

前述の経済産業省の分析において指摘された障壁1〜5の要素を1、4がノウハウやマインドなどのソフト面、2、3、5が設備投資などのハード面と定義した際、まずどちらにアプローチしていく必要があるのだろうか。もちろん両方できるに越したことはないが、クール・ジャパン産業に位置づけられるクリエイティブ産業の多くの企業や事業体にそのような潤沢な金的、人的リソースはないことが多い。そのことを鑑みるとソフト面に重点をおくことが大切なように思われる。このポイントを強化するために効果的なアクションとして「売る前に見せる」行為、具体的にはさまざまな「見本市」や「展示会」を活用する試みを紹介したい。

見本市とは見本をもって売買の商談を行う市のことである。来場者を原則としてビジネス関係者に限定しており（B to B）、商品の売買交渉を目的としている。ちなみに英語では見本市はTrade ShowないしTrade FairのようにTrade（売買）を冠して呼ばれることが一般的である。「展示会」と区別されずに使用されることが多いが、「展示会」とは物品などを並べて見せることを指す表現であり、企業イメージの向上とか新製品の紹介など、当面の商取引よりもむしろ将来への向けた企業価値の向上を目的としているので「見本市」とは区別して認識されている。見本市の源流は、中世のキリスト教会のミサに集まる人々相手にさまざまな産物を即売する市から派生してたものとされる。今では、世界各国で見本市は行われている。例えば、米国・シカゴでは世界最大級の「International Home+Housewares Show」が毎年3月に開催される。調理器具、食器、家電製品、バス・清掃用品、収納用品などの家庭用品が集まる見本市で、通称シカゴショーとも呼ばれる。2015年は、世界100か国以上から2100社を超える団体が多種多様な見本品を出品し、参加者は6万人を超え、バイヤーの参加も2万人を超える。フランス・パリでは毎年1月と9月に開催される「メゾン・エ・オブジェ」という欧州最大級のインテリア&デザインの見本市がある。２０１５年1月23から27日に開催された際には7万８２００人が会場を訪れている。

見本市（展示会）はＣＰＬ（COST PER LEAD）が高い点や（見込み客を得る際のコストパフォーマンスが、地道な営業活動に比べて高い点）、最先端の市場動向や顧客動向について情報が得られ、また見本市によって、出展の際に審査基準が課せられたり、その開催年数が長かったり差があるため中には出展するだけでもブランド形成につながるようなものもある。実際、見本市間にも競争が存在している。ＪＥＴＲＯの「見本市と展示会の話」では次のように指摘している。「（略）過当競争を避け差別化を図るための有効なツールとして、ＵＦＩによる認証マークを獲得することによって、事実上の国際標準に沿った催しであることを国際的にアピールし、価値向上を図ろうとする傾向に拍車がかかっています。（中略）事実上の国際標準に沿った催しであることを国際的にアピールし、価値向上を図ろうとする傾向に拍車がかかっています。特に隣国の中国や韓国においてその傾向が強く、我が国でＵＦＩの認証を得ている催しが、僅かに2件に留まっている状況と好対照を為しています。」

以上のようにアジア各国も見本市をテストマーケティングとしてなど本格進入の際の重要な手法として取り組み始めている状況にある。以後、この章においては、「家具」「アート」「ファッション」という3つのクリエイティブ産業においていかに売る前に見せていく工夫が見本市などを通じて行われているのかケースを通じて見ていく。そして最後にそれぞれから得られた示唆からクリエイティブ産業の海外市場進出においてキーとなるポイントを導き出す。「井戸掘り型」でここまで頑張ってきた日本企業は、はたして「売る前に見せる」という、これまであまり得意としてこなかった商売の方法をうまく活かしてゆけるだろうか。

4 見本市を活用して海外進出している事例―家具インテリア産業―

日本の家具産業の歴史

衰退しつつある日本家具産業の中で、「見本市」と「ＪＡＰＡＮブランド」を活用する事で海外市場の開拓を図る家具メーカーの事例を見ていきたい。日本の家具産業は国内出荷額が減少を続け、衰退の一途をたどっている。その原因は海外メーカーの台頭、流通構造や日本人の居住環境の変化などさまざま考えられる。それでも逆境の中、ＪＥＴＲＯや経済産業省の支援を利用し、企業単位ではなく地域が一体となってブランドを開発することで生き残りを図る家具メーカー、家具産地がある。ここでは、確かなものづくりの腕をもって、海外展開を図ろうとする家具産業にスポットライトを当てる。

日本の家具産業の今後を述べる前に、これまでの盛衰について歴史を簡単に振り返っておきたい。家具産業が成長した最初の経済的な要因としていわゆる米軍特需がある。戦後、ＧＨＱが主要な家具産地へ多くの注文を出したことによって生産量が急増していった。注文の品は洋家具であったため、当初日本の家具会社はデザイン面で苦労する。しかし、設備投資の活発化により、この時期に日本家具産業の成長基盤が確立された。その後、需要面でも家具産業を押し上げる機運があった。１９６０年代以降、日本は都市化が進み、住宅建設需要が増加したことに伴う家具需要の増加、結婚増加に伴う婚礼ダンス需要の爆発的上昇、学校や会社の増加による、個人用以外の家具需要増加などがあった。しかし、１９７０年代に入ると石油危機とその後の影響で、家具産業における企業数や従業員が減少しはじめていく。ただ、80年代に入るとバブル景気を見込んだ需要増大により、出荷額、生産額は再び増加。その後、バブル崩壊による不況が始まると、需要は低下していく上に、低価格製品の輸入、中小企業による輸入増加、箱物から脚物

図表 2-1　家具製造品出荷額と現金給与総額の推移

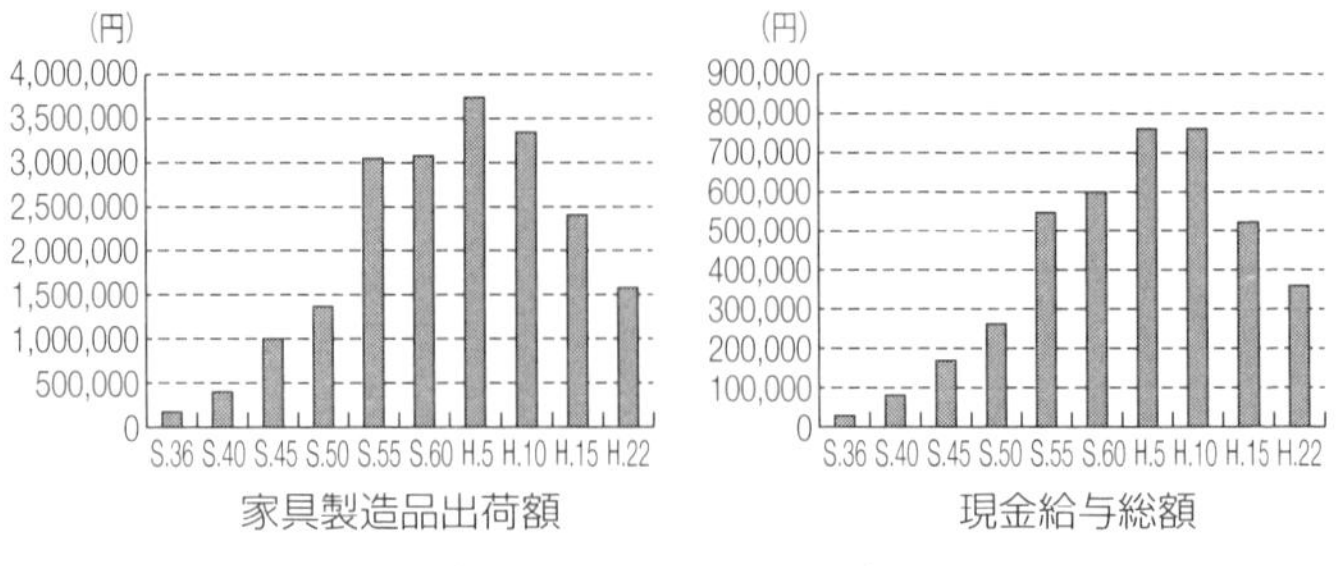

出所：経済産業省、工業統計表（昭和 36 年度〜平成 22 年度）。

への転換に遅れた企業の廃業による規模縮小などから、全体として日本の家具産業は衰退していった。家具製造品出荷額と現金給与総額の推移は次のとおりである（**図表2－1**）。

日本と海外の見本市の比較（来場者比率とバイヤーの質）

家具の見本市について、日本と海外を比較してみよう。海外の見本市はB to Bの商談に重きをおいていることもあり、日本の見本市より出展効果が高いといわれる。その理由は、①来場者の数と外国人来場者の比率、②バイヤーの質という点で、優れているからだと考える。それらを検証して、日本企業が海外販路を開拓する上で海外見本市への出展が有効であることを示したい。

国内の代表的な家具見本市として「インテリアライフスタイル東京」がある。これは「東京から世界へ向けてライフスタイルを提案するインテリア・デザイン市場の為の国際見本市」と謳っており、海外から多くの人が来場することを想定しているが、その実状は国内に閉じたものである。例えば２０１４年６月10日から12日に開催された際には、出展企業数は８１９社（日本企業比率74％）、来場者数は国内２万７５４３人のうち、外国人来場者比率はわずか２％である。これに比べ、海外の代表的な家具見本市であるドイツのケルン国際家具見本市を見ると、２０１５年１月に開催時の出展企業数が50カ国１２６３社、来場者数14万６０００人（外国人来場者比率45％）となっており、出展企業、来場者ともに海外に開かれたものだとわかる。他には、イタリアのミラノサローネ国際家具見本市があるが、２０１４年４月開催時の出展企業数は1363社（国内企業比率73％）、来場者数31万1781人（外国人来場者比率66％）となっており、こちらも日本での見本市と比較して海外からの来場者数の高さがうかがえる。これらの数字を見てわかるように、家具見本市において日本国内開催と海外開催のものでは、来場者数と来場者の質（来場者の外国人比率）に大きな違いがある。当然、日本家具メーカーが海外市場を開拓したいときは、海外の有名な見本市に出展することが一番の近道であるといえよう。

両者を分かつ要素は規模と外国人来場者の多さだけではない。「集まるバイヤーの業種や購買意欲」という視点で比較する必要がある。いくら人が集まる有名見本市に出展できたとしても、実際に大規模な商談を成立させてくれる良質なバイヤーがいなければ意味がないからだ。

例えば日本の「インテリアライフスタイル東京」と「ニューヨーク国際現代家具見本市」を比較してみよう。「ニューヨーク国際現代家具見本市」は、年1回ニューヨークで開催される北米最大規模の家具見本市である。2014年の同見本市における出展社数は690社、来場者数は3万1421人である。ここで特筆すべきは来場者の業種別割合である。同見本市では来場者の60％近くがインテリアデザイナーや建築家、デベロッパーで占められるところに特徴がある。一方、「インテリアライフスタイル東京」では、来場者の業種内訳を見ると、小売・専門店が24・4％で最大、デザイン・設計・住宅関連は15・9％である。この数字から、海外の見本市は、日本に比して大きなプロジェクトを抱えた建築家やデベロッパーが多く集まるため、大口のコントラクトビジネス（建築関連の商談）につながる可能性が高いことがわかる。

また、パリの見本市においては、バイヤーは年間の仕入れの大部分を1回の見本市で買い付けるという。その慣習は実績にも表れており、例えば、2013年開催の「メゾン・エ・オブジェ」、会期5日での日本企業の出展成果は、商談件数2150件、成約件数685件（見込含む）、成約額約84万ユーロ（約9800万円）にも上った。

このように海外の見本市はバイヤーの質が高いため、高出展料を少ない契約数でカバーできる見本市といえる。バイヤーの質という点で、海外見本市は魅力的な場所なのだ。

なぜ、このように海外見本市では良質なバイヤーが集まるのか。当然、「その見本市に優良な出展者が必ずいる」という信頼があるからである。その信頼を生む源泉が厳しい審査基準である。ミラノサローネ、ケルンなど海外には大きな見本市が数多くあるが、中でもパリの「メゾン・エ・オブジェ」はその見本市のブランド力を保つために、出展者に厳しい審査基準を課す。JETROの「JSTYLE＋」というパッケージを使って出展する場合、①日仏選考委員による1次審査、②主催者SAFIによる最終審査の2つを突破しなければならない。そして具体的な選考基準は、①商品性：出展製品が実施市場で受け入れられる特徴を有しているか、②価格：出展製品が実施市場で流通でき得る価格帯であるか、③海外販売への意欲：積極的に海外に販路を開拓していく意欲や姿勢が認められるか、④ブース全体の企画構成・コンセプトと調和しているか、などである。自ら出展を希望する企業はJETROなどのパッケージを利用する等してこれらの審査基準を突破しなければならない。

また、主催者側からの誘致を受けて出展する形もある。主催者も自身の見本市の質を高めるために世界各国の見本市を周り、「メゾン・エ・オブジェ」のテイストにあう企業を選定するのである。厳しい審査基準、優良な企業の出展誘致活動によって世界最高峰の見本市ブランドを確立している。ゆえに、世界中から優良な購買力のある来場者も集まり、出展者、来場者ともに質の高い見本市が実現するのである。

日本家具メーカーの海外新出事例

海外の家具見本市への出展は資金不足、海外経験不足から多くの企業が敬遠しがちなものだが、上記のとおり日本メーカーにとって事業を拡大するためには魅力的な場所である。近年ではＪＥＴＲＯや経済産業省の支援も充実してきており、低コストで出展できる可能性も高い。三菱ＵＦＪリサーチ&コンサルティングによる『中小企業の海外等販路開拓に関する実態調査報告書』、独立行政法人中小企業基盤整備機構経営支援情報センターによる『産地中小企業の海外販路開拓に係る実態と課題』を参考に、日本の家具メーカー２社の取り組み事例を分析する。

ケース１：協同組合飛騨木工家具連合会飛騨の家具ブランド「Re-mix Japan」

協同組合飛騨木工家具連合会（以下、飛騨木工連）は、古くから木工家具産地として有名な岐阜県飛騨高山地域において、１９５０年に設立され、現在28の木工業者からなる組織である。日本の多くの家具産地が苦境に喘ぐ中、飛騨木工連は「飛騨の家具」ブランド（2008年に「飛騨の家具」「飛騨・高山の家具」2つの地域団体商標登録）の展開などによって、根強く生き残る希有な事例である。

平成に入り日本の家具産業が衰退していく中、産地として生き残るために飛騨地域の家具メーカーはいち早く直販に流通構造を切り替える等、先進的な取り組みを行ってきたが、中でも、飛騨木工連の「産地一体のブランド化」と「国際見本市への出展」は特筆すべき試みである。

飛騨木工連は2004年から、中小企業庁によるJAPANブランド育成支援事業に参加し、「Re-mix Japan」というブランドを立ち上げた。これは、春慶塗、美濃焼、美濃和紙、岐阜提灯など地域の伝統産業を融合させて、トータルなライフスタイルを提案するブランドである（**図表2−2**）。デザイナーの佐戸川清氏がブランド全体のテイストをデザインしながら、業種や企業の垣根を越えて、岐阜県内の上記の業種から5社が一体となって商品開発を進め、1つのブランドを作っていった。具体的には、例えば展示会に出展する際に、飛騨春慶塗をあしらったソファやテーブルなど飛騨の家具と美濃和紙を使った照明、美濃和紙織物でできたカーテンや鞄などを1つにまとめ、それら1つの空間として展示会に出展を続けていった。

図表2−2　Re-mix Japan ブランドの家具

出所：Re-mix Japanより提供。

「Re-mix Japan」としては2005年からパリの「プラネット・ムーブル・パリ」「メゾン・エ・オブジェ」に継続して参加した。ヨーロッパの輸出も、金額的には大きくないが、ベルギーやフランスなど、徐々に成果が表れた(日進木工株式会社北村卓也氏談)。ヨーロッパのホテルから、春慶塗のジュエリーボックスが採用されるといった例も出た。現在では飛騨木工連とは別れて有志の活動となっているが、伝統工芸と今日的なデザインの融合の事例として各所から注目を集めることができた。

ケース2：広島県府中市の家具ブランド「MEETEE」

飛騨同様、日本の家具産地として有名な広島県府中市。1970年代以降、高級な婚礼タンスを開発し、これが団塊世代の結婚時期に重なり、爆発的にヒットした。しかし、その後伝統的な習慣の薄れや備え付け家具の台頭により、需要は減退していった。その状況を打破するため、「Japanブランド」を使って、見本市に参加することで、世界に進出していこうとする取り組みが行われてきた。

婚礼タンスに変わる新たなブランドを求めていたときに、高級家具の需要がある欧州でのブランド構築のため、2005年にJapanブランド育成支援事業に参画した。府中市の家具メーカー約30社が中心となり、商工会議所、デザイナー、日本貿易振興機構広島貿易情報センターなどが協同して、海外へ向けた「Fuchu-Furniture」という統一のブランドを作っていった。当初は「フトンスタイル」というブランドを全面に押し出す計画であったが、米国で調査した結果、評判が芳しくなく、より「和」「日本」を強調したブランドへ変えたという経緯があったが、これが功を奏した。2006年にはじめてラスベガスの展示会に進出したとき、バイヤーたちからは高品質な「和」のテイストが受け入れられ、音響メーカーから府中家具との共同開発の打診を受けるといった実績も得ている。

現在は新進の人気デザイナー倉本仁氏などとのコラボレーションによって新ブランド「MEETEE」を設立し、精力的な活動を展開している（**図表2−3**）。

2つのケースからわかるように、良質な海外の見本市は日本の中小家具メーカーにとって魅力的なものである。当然、短期的に成果が出るものではなく、多大なコストもかかる。しかし、それぞれの地域が一体となって、ぞれぞれのJAPANブランドを構築し、継続的に見本市に出展を続けてきた家具産地は今も生き残っている。そして、今後さらに海外事業が拡大していく可能性も見えてきている。確かな技術力をもった日本企業ならば、規模の大小にかかわらず、海外に売り込む力は十分に備えているのである。3つの家具産地の取り組みはそのことを示唆しているといえよう。

図表2-3　「MEETEE」コレクション

出所：MEETEEより提供。

5 アートマーケットにおける見本市

次に、絵画や彫刻作品などのアート作品の市場について見ていきたい。そもそもアートマーケットとはどのような仕組みになっているのだろうか。まずはアート作品がどのように売買されるのかを説明し、その上で見本市のマーケットにおけるポジションや役割を確認していきたい。

アートマーケットにおいて2つの重要なマーケット（売買の場）が存在する。1つはプライマリーマーケット、もう1つはセカンダリーマーケットである（**図表2－4**）。プライマリーマーケットは作家、または美術商（ギャラリスト）から初めて他の人に作品が取引される場である。一方、セカンダリーマーケットにおいては、プライマリーマーケットを通じ、美術市場に投入された作品美術商から個人収集家や企業、美術館などさまざまな人に渡り、またオークションを通じて彼らの間で取引されていく。こうした作家ではない人々の間を転売されていく市場がセカンダリーマーケットである。

これらの取引に介在する美術商とは美術家から美術品を作家に代わってコレクターをはじめとしたさまざまな顧客に販売する業者である。彼らは自身の画廊を有していることが多く、自身の招集した作品を展示・販売している。プライマリーマーケットにおいて彼らは、まだ名の知れていない作家など、一定の評価を得ていない作品を扱い、多数の作家の作品の中から、美術商自身の美術に対する価値観や将来における作品の価値予測を行い、作品を選定し、作家との価格交渉を経て作品に対しての「最初の値付け」を行う。そして、自身の画廊などを利用し顧客に販売していく。美術商は、プライマリーマーケットでの取引において大きな利益を求めない傾向が見られる。その背景には目利きの顧客や美術館などの機関に作品を販売・貸し出しなどを行い、取り扱う作家の市場価値を高めていく戦略をとることが多いことがあげられる。これは美術品の価格は作品自体のサイズ、重さ、技法や表現を根拠とした作品に対する評価のみならず、当該作家の受賞歴、学歴、他作品につけられた値段や評論家など評価など、売られている作品以外の部分の評価に基づいて形成されることが背景にある。このため、美術商は短期的に新規の作家の作品を用いて大きな利益を得ることはそもそも困難であり、慎重に市場に作品をのせながら徐々に作家に対する評価を高めていき、値崩れしにくい形で作品の価格形成に取り組む。

図表 2-4　アートマーケットの市場構造

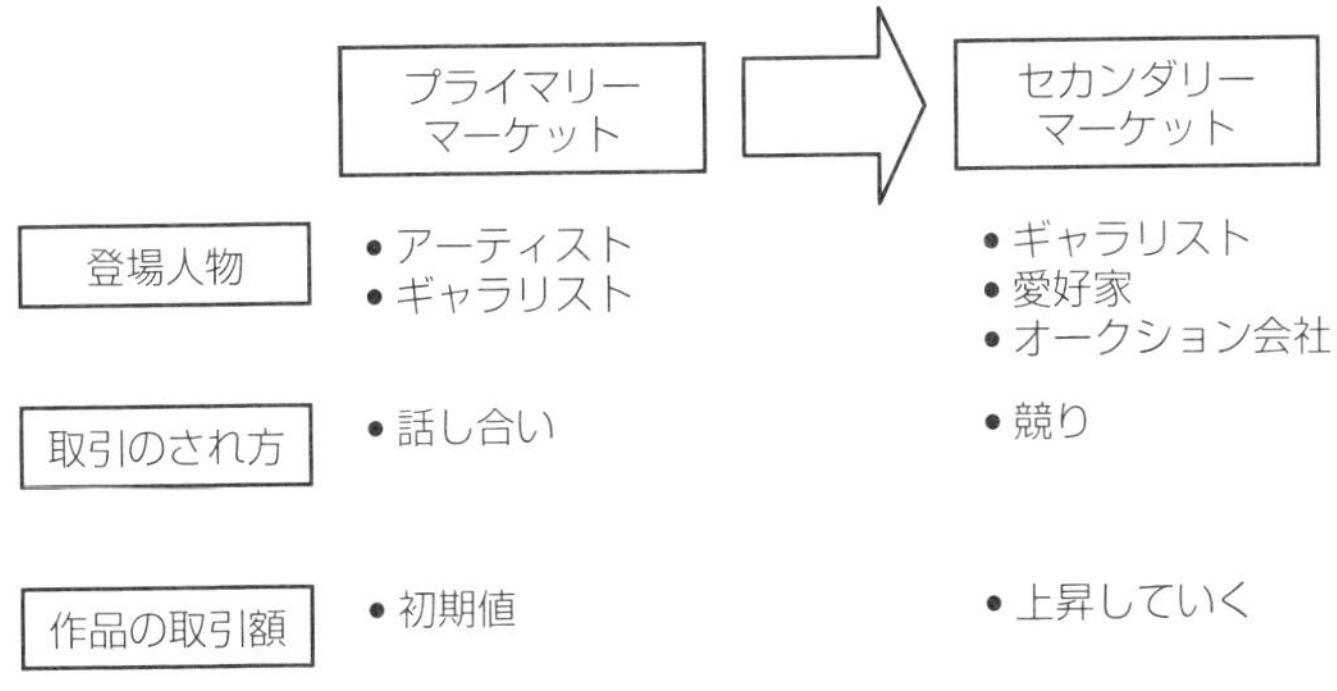

	プライマリーマーケット	セカンダリーマーケット
登場人物	・アーティスト ・ギャラリスト	・ギャラリスト ・愛好家 ・オークション会社
取引のされ方	・話し合い	・競り
作品の取引額	・初期値	・上昇していく

出所：筆者ら作成。

以上の役割を踏まえると、プライマリーマーケットにおいて美術商は単なる転売屋ではなく作品の「プロモーターとしての役割」も果たしていることがわかる。実際美術商の中には自身のギャラリーで扱うアーティストの広報活動の仲介やアーティストの面倒を見ることもある。美術商の中には作家と専属契約を行う美術商も存在していて、この契約によって美術商は自身の顧客に対して販売できる作品を安定的に確保、また、プロデュースすることが可能になり、一方作家は自身の活動資金を安定的に得られることができる。つまり、この場合、作品づくりを行う作家と、そのプロモーションを行う美術商が一体となって作品・作家づくりを行っている。一方、セカンダリーマーケットにおいては、名の知れた近代美術作品など一定の評価の得られた作品を扱い、転売することで、その差益を得ている。こうした取引において美術商は顧客に対して、その美術品が本物であり価値もあるということを証明する機能を果たす。また、顧客の欲する作品を美術商同士のネットワークを通じ探し出し販売をするという機能も果たす。こうしたセカンダリーマーケットにおいて美術商はプライマリーマーケットと比較をして利益を生み出す側面を強くした戦略をとることが多い。以上をまとめると美術商はプライマリーマーケットにおいては〝値付け機能〟と〝プロモーション機能〟を担い、セカンダリーマーケットにおいては〝作品価値の保障機能〟と〝作品の流通機能〟をもっていると考えられる。

アートマーケットにおける見本市のポジションと役割

アートマーケットにおける見本市はアートフェアと呼ばれることが多い。これらアートフェアはプライマリーマーケットでの活動に位置づけられる。開催場にアーティストやギャラリストが作品を持ち込み、そこにバイヤーが直接買取にくる。見本市においては作家や美術商、コレクターが直接対話し売買が決められる（オークションのように複数のバイヤーが一点を釣り上げ式に値段を決めていくのではない）。また、こうしたアートの見本市は、他の領域における見本市と同じように、その時点やその開催地、テーマについての最新のトレンドを世界に発信する役割をもっている。そのため、出品していないアーティストや美術商も集い、互いの制作活動に影響を与え合う場にもなっている。アートの見本市ということで、いわゆる幕張メッセのような催し物会場のみならず、廃工場などのオルタナティブスペースや、ホテルの各部屋を貸し切っての開催など形態はさまざまである。世界的に有名な見本市としてはスイスのアートバーゼルがあげられる。

中国アートマーケットの成長の背景に見られる見本市

見本市を取り入れてアートマーケットの創出、拡大に成功した国として中国があげられる。中国のアートマーケットは急激な成長を遂げ現在、イギリスとアメリカと並び、世界三大マーケットの１つとなっている。オークション取引額が清時代の画家の作品には億超えの値段がつき、２００８年時のサザビーズの開いたセールにおいては２日で20億円以上の取引がなされた。この急激な成長の背景には中国の急激な経済成長を背景に富裕層や企業の中で〝値崩れしにくい投資〟としての注目が集まったことが特徴的な理由としてあげられている。確かにこうした投機的な内需によって成長が生まれた一方で、中国のアート市場はヨーロッパをはじめさまざまな国々のコレクターが集まるグローバルな市場にも変貌している。このアートマーケットがグローバル化する現象は中国の現代アートマーケットに顕著である。グローバルな市場ができあがるその背景の１つとして、政府による文化創意地区づくりがあげられる。この文化創意地区が中国アートを世界に発信する見本市となったのである。

「文化強国政策」とは

『人民中国』２０１２年１月29日の記事に次のような報告が載っている。「10月15日より開催された中国共産党第17期中央委員会第六回全体会議（第17期６中全会）のキーワードは「文化」でした。中央全体会議で「文化」が主要テーマとして議論されたのは２００７年の党大会以来で、思想、道徳、文化問題が討論された１９９６年の第14期６中全会を受けてのことでした。15年の歳月を経て、文化が国家建設の檜舞台に登場したといってよいでしょう。中全会で採択された『文化体制改革を深化させ、社会主義文化の大発展と大繁栄を推進するための若干の重大問題に関する中共中央の決定』において、中国は、１全民族の文明的素質を高め、2国家のソフトパワーの実力を強化し、3中華文化を発揚し、4社会主義文化強国の建設に努力すること、すなわち、中国文化の改革開放を高らかに宣言したといえます。」
世界の工場としてのポジションを確立し、日本をGDPで抜き去った中国の政府が打ち出した新しい成長のビジョンはソフトパワーの強化であることがわかる。具体的な目標やアクションは中共中央の決定において次のようにまとめている。

2020年までに文化産業を国民経済の支柱産業にする。上記を達成するための推進すべき項目
1. 公有制と民族文化を主体とする
2. 海外から有益な文化を吸収する
3. 国際競争力を増強し、世界文化において中華文化を開放する

『人民中国』(2012年1月29日)より

この党大会以後、日本における「クール・ジャパン」構想と同様にソフトパワーの強化に大きく政府がビジョンを掲げ、てこ入れを進めるようになった。

文化強国政策の流れの中で生まれたオルタナティブスペース

ソフトパワーの強化の一連の流れの中で、アート市場にもてこ入れが進んでいる。それに特に関連するのが「文化産業基地」である。こうした地区は国や各省政府が管理下におくクリエイティブパークのようなものであり、各地区にはアニメや映画などのジャンルごとの線引きはあるものの、クリエイティブ系企業や個人オフィスを招致・集積させている。アート関連のこうした特区はもともとオルタナティブスペースとして若手アーティストたちが集まった場所を後から政府が管理するようになる形で形成されている。オルタナティブスペースとは、もともと廃工場などの空きスペースに広いアトリエと安い家賃や他のアーティストとのコネクションをもとめてアーティストが集まり、徐々にアートスペース・マーケットに変貌したものをいう。ニューヨークのSOHO地区なども、もともとこうして形成された場である。現在の中国でこうしたオルタナティブスペースは拡大しており、次なる政府の管理対象となる卵となる地域が多くうまれている状況である。この背景には、中心部のオルタナティブスペースの家賃の高騰化やアーティストの数の増加などがあげられる。

こうしたオルタナティブスペースではアーティストの制作場兼アトリエや画廊、デザインオフィスがひしめき合ってあっており、まさに年がら年中見本市を開催しているような状況になっている。そのため、美術収集家が作品収集やトレンドの把握などの目的でこの場所を訪れている。こうした「見本市的」な機能をもつオルタナティブスペースは中国現代アートマーケットにおいて強いプライマリーマーケットを作り出し、成長のきっかけとなったことは言うまでもない。

日中比較

日本においても銀座のように画廊が多く集まる場所はある。しかしさまざまな面において、中国のオルタナティブスペースと比べ、マーケットを形成するという観点において劣っている。

1. 画廊の密度はこうした中国のオルタナティブスペースと比べ非常に小さい。それゆえ個々の画廊を目当てに来る人々は居ても、その一箇所もしくは少数の画廊に訪れるだけで終わってしまう。
2. 複数の画廊を取りまとめてアピールする機関が明確でなく、もしくは力（財力や規模）が弱いために海外に対してプロモーションをかけるとしても非常に限定的または小規模になってしまう。
3. 政府や行政の支援が少ないため、家賃が非常に高く、市場価値が形成途中の新興作家は入れず、取引される作品のほとんどがすでに評価のさだまったブルーチップアーティストの作品になってしまう。
4. 銀座にアトリエを構えることは家賃やスペースの大きさを考えると厳しく、アーティストが直接、収集家にコンタクトをとることは厳しい。

また日本の自治体がアート関連の事業を行う際、ハード面が先行しており、ソフト面の計画があったとしても地域振興や一時的な社会貢献活動として行うことが多く、サステナビリティのあるソフト面の計画をもって実行している自治体は少ない。こうした日本の裏返しが急速に拡大した中国アートマーケットの強みでもある。中国アートマーケットにおいてオルタナティブスペースは世界に開かれたハブ空港のような役割を果たしたのである。

コマンドN

ただ、日本においても現代アートマーケットが拡大する起点となりそうな試みは生まれてきている。この一例としてコマンドNを紹介したい。コマンドNとは秋葉原の廃校内に事務室を構えた非営利芸術活動団体である。1998年、文化芸術活動に携わるメンバーによって発足。その後、13年の活動を経て、2010年から一般社団法人非営利芸術活動団体コマンドNとして活動を続けている。

「アーティストの存在とその活動が社会に影響を与える文化環境を創造することによって、地域の活性化および国内外の交流を促進していきます。こうした活動の実践をとおして、アーティストの支援および育成を図り、日本の芸術文化の発展および普及に寄与するとともに、芸術文化の心髄と奥行きの深さを社会に示すことを目的としています。また活動によって育まれた関係性を積極的に拡張させていくことで国際的なアーティストネットワークを構築し、日本の芸術の発展と振興にも寄与することを目指します。」

（公式ウェブサイトより）

具体的には秋葉原の廃校内の教室に複数のギャラリーを入れ、前述の上海の事例に似たギャラリーコンプレックスをオーガナイズする活動（KANDADA3331）や神田の再開発に伴い、生まれた廃ビルをもちいてそのビル内に一時的ではあるが若手作家の展示を行う企画（TRANSART）などを行っている。

こうした、活動がなぜアートマーケット拡大の起点となり得るのか。そのポイントは上海の事例を踏まえると「さまざまなアーティストの作品を複合的に発信する」そして「日々の生活と近いところに存在」するところにある。この2点は先述のハブ市場の形成につながるからだ。

アートフェア東京

日本での事例をもう1つ紹介しよう。それは1992年に日本で初めて開催されたアートフェアである国際コンテンポラリーアートフェスティバル（NICAF）の後続イベントであり、2005年から東京国際フォーラムで毎年開催されているアートフェア東京である。今年で10回目を迎え、出展・協力ギャラリー数は2005年当時は83団体だったが、毎年多少の前後はあるものの順調に拡大し、2015年には161団体になった。海外からの参加も2005年には7か国であったが、2015年には30か国に拡大。来訪者も2015年は過去最多の5万5千人を数えた。10年でここまでの拡大を見せている成功要因の1

つを、小山登美夫氏は「現代アートだけではなく、古美術・日本画・洋画なども含むジャンル混合のアートフェアにしたこと」と分析している。

アートフェア東京の前身であった前述のＮＩＣＡＦは、当時まだ残っていたバブル経済の余波を受けて開催され、日本にアートフェアという存在自体を植え付けることには成功したものの、どちらかというと国内アーティストの発掘よりも、海外コレクターや海外ギャラリーが日本で商売をすることに重点があった。つまり、プライマリーマーケット機能よりもセカンダリーマーケット機能重視だったということだ。また、現代アートだけでのフェアを、という主催者たちのこだわりが、かえって作品の裾野を狭めてしまったという側面もあった。その後、日本の経済が不況に突入するにしたがって、ＮＩＣＡＦは苦境に立たされ、隔年開催になり、やがて２００３年を最後に一旦終止符が打たれてしまった。その後、ＮＩＣＡＦにかかわってきた有志が再び集結して知恵を絞り、ジャンル混合型にすることで現在のアートフェア東京が誕生することになったわけであるが、小山氏は、このようにジャンル混合にすることで、それぞれ細分化された個別ジャンル間での交流や刺激が生まれ、全体として活性化が促されてきていると分析している。１つひとつのジャンルは小規模ながらも、陶芸や古美術から、日本画、洋画、現代アート、そしてアニメ作品やプラモデルまで、世界でも屈指の多様性をもっているのが日本のアートの特徴であり、そのジャンル混在をうまく魅力化することが、日本のアートの１つの活路であることが示されている。

6 ファッション産業における見せる場の役割

次に、3つ目のクリエイティブ産業として、ファッション産業を取り上げる。まずファッション産業における見本市、つまりファッションショーについて、その役割の歴史的変化を考える。さらに、「売る前に見せる」事例としての日本の見本市を含めたあらゆる情報発信の場を有効活用することで、ファッション産業のトップに登りつめたZARAを取り上げ、その成功要因を分析する。

ファッションショーの歴史

まず、パリやニューヨークなどで行われている世界的なファッションショーについてその概要と歴史、世界のファッション市場での位置づけについて、欧米と日本との対比を交えつつ見てみよう。日本では「パリコレ」などと呼ばれるように大規模なイベントとなると「コレクション」と称されることが多いが、欧米では通常「ファッションウィーク」と呼ばれる。現在のようなファッションショーが成立する以前は欧米ではマヌカン（衣服を身に着けて商品の宣伝、販売をする女性）を、日本ではマネキン人形を使用することが多かった。1927年9月21日、駿河町（日本橋）の三越呉服店で行われたショーが日本のファッションショーの始まりとされており、以後日本でも徐々に「生きたマネキン人形」つまりモデルという職業が定着してきたとされる。ファッションショーの基本的な仕組みは、売り手側がターゲットとなる顧客を集めて、売りたい服を着せたモデルを舞台上で次々と披露するというものである。服はマネキン人形よりも人のモデルが着ていた方が顧客は自分が着た姿を想像しやすく、売り手は一度に多数の顧客に売りたい服を提示できるというのがファッションショーの利点であるといえる。

ファッションショーはフランスやイタリアのオートクチュールから始まり、その歴史は古く、19世紀後半にまでさかのぼる。オートクチュールとは、一般的にはパリの高級注文服業界で作られる服のことを指し、当時活躍したイギリス人デザイナーのシャルル・フレデリック・ウォルトが最初のオートクチュールデザイナーといわれている。ウォルトは20世紀初頭までに乱立していたパリの高級仕立て店をシャンブル・サンディカとして組織化した。また、それまでの顧客に合わせた服作りではなく、デザイナーがデザインしたものを顧客が選択し、顧客の体のサイズにあわせて作るというデザイナー主導の生産システムを導入した。以後、デザイナーはテキスタイルの選定、デザイン、仕上がりの見直しまで一貫して管理する立場となり、社会的地位も大いに高まった。

オートクチュールのファッションショーはパリとローマで行われる。パリ・オートクチュール・コレクションは毎年1月に春夏コレクション、7月に秋冬コレクションが、男性服コレクションは2月と7月に開催される。このコレクションに参加できるのはサンディカ正式加盟店（シャネル、クリスチャン・ディオール、ジバンシーなど）とフランス国外招待メンバー、招待されたブランドのみである。招待客は、世界各国の報道関係者、ライター、フォトグラファーなどのメディア関係者、バイヤー、スタイリストなどのアパレル関係者、その他芸能人や政治家などが前列に並び、特に有名ブランドのショーでは世界的な著名人などが招待されるため、一般の人々が会場で直接見ることは非常に難しい。

1950年代まではパリコレといえばオートクチュールコレクションを指したが、1960年代になるとプレタポルテが台頭してくる。プレタポルテとは、すぐに着られる服（＝既製服）を意味する。プレタポルテ以前から既製服はあったが、それらはレディ・メイドと呼ばれ一般的に大量生産の質の低いものであったため、差別化を図るためにプレタポルテと呼ばれた。そのため、日本語に訳す際には「高級既製服」といわれることが多い。プレタポルテへの変化の背景には、メインの顧客である上流階級の生活スタイルが社会の変化とともに変化したという理由があげられる。富裕層が貴族、ブルジョワジーから高級ビジネスマン、キャリアウーマンなどへシフトしていき、アメリカなどの富裕層も、より実用的な服を好むようになった。このような背景のもとオートクチュールの顧客は徐々に減少し、経営難に陥るメゾン（ブランド）が続出した。現在ではシャネルなどの一部のメゾンを除いてはほとんどが赤字経営であり、1950年代以降顧客が減少し続けているため、多くのメゾンがプレタポルテに力を入れている。それでもなおオートクチュール部門を会社が閉鎖しないのは、オートクチュールコレクションを行うことでブランドとしての「格」を維持することができ、プレタポルテや香水、ライセンス事業の売り上げに多大な影響があるからである。

プレタポルテコレクションは世界各地で行われ、その数は100を超える。その中でも「世界四大コレクション」といわれるのがニューヨーク、ロンドン、ミラノ、パリの順に毎年春と秋の2回開催され、1週間ほど続く。1943年7月20日にニューヨークでプレスウィークと呼ばれるファッションショーが行われ、これが現在のニューヨークファッションウィークの前身とされている。これは当時アメリカのファッションや広報業界の中心人物であったエレノア・ランバートが考案したとされ、彼女のビジョンはそれまでファッションジャーナリストに無視されていたアメリカのデザイナーを注目させることであった。プレスウィークを通し、ジャーナリストらはその焦点をアメリカのデザイナーに移すようになり、彼女の目論見は成功を収めたのである。ファッション業界は17世紀以来フランスが中心であり、19世紀後半のオートクチュールの導入によりその優位性はさらに強まっていた。しかし2度の世界大戦をとおして多くのヨーロッパのデザインハウスは経営を続けることが難しくなり、一方でアメリカのデザイナーは戦争を機に大きなチャンスをつかむこととなった。第2回プレスウィークが1944年1月にニューヨークで開催され、以降年2回の恒例イベントとなり徐々にアメリカのデザイナーはファッション業界の中心となっていった。1960年代にアメリカファッションデザイナーズ協議会（CFDA）が発足し組織化が進んだが、まだ各ブランドが短期集中で一定のルールの中でコレクションを発表するようなものではなかった。それから

30年程の月日を経て1993年ニューヨークファッションウィークの運営団体が誕生し、1994年に今日知られるファッションウィークとして生まれ変わった。

また、毎年3月と10月に開催される東京コレクションもプレタポルテコレクションであり、世界四大コレクションの次席に位置づけられている世界的なファッションショーである。特に日本人デザイナー、ブランドを意識したショーを開催しており、2011年からはメルセデスベンツを冠スポンサーに迎え、「メルセデス・ベンツファッション・ウィーク東京」として新たなスタートを切った。近年日本ではリアルクローズと呼ばれる中産階級の若者向けの服がメインとなったファッションショーも多く存在する。東京ガールズコレクション（TGC）や渋谷ガールズコレクションなどがその代表例で、これは日本の「リアルクローズ」（日常的に消費者が着ているファッションという意味の言葉）を海外に発信する場として重要な役割を果たしており、外務省や国土交通省からの後援も受けている。これらの日本のファッションショーは興行的な側面が強く、流行の音楽アーティストのライブが加わることが通例で、またプロのモデルだけではなく有名俳優、タレントがゲストモデルとして登場したり、読者モデルなどもステージに上がるなど参加型のファッションショーも多く存在する。

ファッションショーの役割

ここまで、ファッションショーの概要と歴史について述べたが、これらのファッションショーがファッション業界全体においてどのような意味をもつかについて考えてみよう。ファッションの多様化、グローバル化が進む中で、時代とともにファッションショーがもつ意味合いも少しずつ変わってきたと言える。オートクチュール時代、ファッションショーは顧客である上流階級に向けての展示即売会であった。初期のプレタポルテコレクションも、それを購買できる層にとっては同じことを意味していた。しかしオートクチュールのメゾンの顧客は年々減り続け、今では世界各国のファーストレディや王侯貴族、有名女優が主になっており、即売会としての意味合いは薄れてきたようである。では現在の位置づけはというと、近年のオートクチュール、プレタポルテコレクションの主な招待客が世界各国のファッションジャーナリスト、ファトグラファー、スタイリストなどのメディア関係者がほとんどであることからわかるように、情報発信の場としての意味合いが強まっていると考えられる。以前はファッションショーはデザイナーが直接顧客に作品を提示する場であった。しかし今ではメディアや卸売、小売業者を対象に新作を発表し、末端の消費者にはファッション雑誌やテレビ、映画などの場を通じて売り手が売りたい服を提示するというというのがファッションビジネスの主流となっている。すなわち現在ファッションショーの観客はデザイナーにとって直接の顧客ではなく、ファッションショーはデザイナーおよびブランドの芸術的作品発表の場であり、消費者である中産階級の服の流行の発信源としての意味合いを強くもっているといえるだろう。日本におけるリアルクローズのファッションショーは前者に近い意味合いをもつ。つまりファッションショーの観客はそのまま直接的に消費者であり、デザイナーが直接顧客（この場合顧客は上流階級ではなく中産階級の若者が中心）に売りたい服を提示する場としての役割を果たしている。ファッションショーが単なる展示即売会ではなく、全世界に向けた流行の発信源となったことで、ファッション業界全体におけるショーの意味合い、影響力は大きくなったと考えられる。

ジェイランウェイのシンガポールでの挑戦

日本でのリアルクローズ中心のファッションショーの雰囲気をうまく活かして、シンガポールで日本のファッションをうまく「見せる」挑戦をしている企業がある。株式会社アパレルウェブが手掛ける日本ファッションの複合型ショップ「ジェイランウェイ（J Runway）」である。ジェイランウェイは、シンガポールのメインエリアであるオーチャードエリアにある商業施設プラザシンガプーラに開設されており、「おしゃれを楽しむコミュニティー」をコンセプトに、主に渋谷・原宿で人気の、メンズ・レディスのファッションやファッション雑貨のブランド約30ブランドを販売するショップである。アパレルウェブ社のCEOである千金楽健司氏へのインタビューによると、元々は、２０１１年に経済産業省のクール・ジャパン戦略での補助事業をもとにアパレルウェブ社がシンガポールで実施したテストマーケティング事業において、さまざまな課題を抱えながらも、３か月で２０００万円を売り上げる成功をおさめたことが出店のきっかけになったという。シンガポールという国は、市場としての規模は福岡市と同程度しかないが、その存在自体が、ＡＳＥＡＮ諸国全体に対するショーケースになっており、後述するＺＡＲＡや、Ｈ＆Ｍ

などもまずシンガポールで「見せる」経験を経た後にアジア全域に拡大してきたという経緯がある。日本の中小企業が展開する多様なリアルクローズ型のブランドは、中国などで大きな人気を博しているにもかかわらず、実際には商品の輸出が実現できておらず、結局、中国製や韓国製の模造品に市場の大半を奪われてしまっている。そこでアパレルウェブ社は、単独では海外展開が難しい日本企業のブランドを大量にまとめてシンガポールで「見せる」場所を設置し、海外展開のチャンスを拡大させる装置としてジェイランウェイを開店したという。海外でのブランド知名度がほとんどない中小ブランドばかりを展開する挑戦的な事業であり、しかも四季がなくファッションの習慣も大きく違うシンガポールの事情ゆえ、開店当初は苦戦したものの、２０１４年には月商１２００万円というレベルまで安定してきたという。

70年代や80年代は、個人としての日本人ファッションデザイナーが欧米のファッションショーに進出して名声を勝ち取り、その後に凱旋帰国型でブランドを構築しビジネスを成功させてきた。しかしジェイランウェイの試みは、グローバルなファストファッション企業との競争を意識した、まったく新しいブランド構築方法の挑戦である。そしてその「見せる」舞台として、パリやニューヨークや東京を飛び出して、より新興国に近いシンガポールを選んだ点も大いに注目される。

「見せる場」を使っての海外展開の成功事例

ところで、グローバルに活躍するアパレルメーカーは、新興国市場に事業拡大をする際に、ファッションショーだけではなく、あらゆる「見せる」場を有効に利用している。その典型例として、ここではインディテックス社ブランドＺＡＲＡの新興国インドネシアでの成功事例を考察してみよう。

ＺＡＲＡは、１９７５年にスペインにあるインディテックス・グループにて創設された世界最大級の女性・男性・子供用衣料品の製造小売りブランドである（グループ売上高の66％を計上）。「企画・生産から販売を垂直統合し、希少性が必要なハイファッションのトレンドに沿った製品を多品種少量生産で高速回転させ低価格で提供する」というビジネスモデルを掲げ、年々売り上げを伸ばしている。海外展開を積極的に行っており、世界76か国・地域に１７７０店舗を展開している。１９８０年代末から海外展開を開始しており、90年代は欧州・北米中心に、２０００年代前後は南米、アジア、中東に進出している（２０１３年７月31日時点）。

最初に、インドネシアでＺＡＲＡが大きな成功を収めていると実感した経験を述べておきたい。

２０１２年夏に、われわれはインドネシアの地を訪れ、郊外に住む中間層の家庭へのアンケート調査を行った。その際、「インドネシアで有名だと思う、あるいはよく利用する海外のファストファッションブランドは何か」という質問をしたところ、興味深い結果が出た。forever21やＨ＆Ｍ、ユニクロを差し置いてＺＡＲＡの名前が一番多くあがり、インドネシア中間層におけるＺＡＲＡの知名度の高さを実感させられたのである。ジャカルタ中心部にある、先進国にも引けをとらない高級感漂うモール内にはＺＡＲＡの店舗も存在しており、現地の消費者が洋服を見て回っていた。現地のファッション雑誌では、ＺＡＲＡ

の特集がいくつも組まれており、このことから、肌感覚でＺＡＲＡがインドネシアにおいて注目されているアパレルファッションブランドであることを感じたのである。

ＺＡＲＡの武器「店舗」

なぜＺＡＲＡはインドネシアにおいてこのような成功を収めることができたのだろうか。その理由は店舗の作り方にあると考える。ＺＡＲＡの店舗にはさまざまな工夫がほどこされており、消費者の購入意欲を刺激するような表示や装飾がされている。さまざまな店舗が軒を連ねる中、いかに消費者を引き付けるような工夫ができるかが最大のポイントである。具体的に、以下の点があげられる（『世界中を虜にする企業ＺＡＲＡのマーケティング＆ブランド戦略』ヘスス・ベガ・デ・ラ・ファジャ２０１０年を参考）。

①店舗を広告に

ＺＡＲＡの大きな特徴としてあげられるのが、広告費の削減である。２００４年を最後に広告をだすことはなくなり、その代わりに新規出店を増やす戦略をとっている。ＺＡＲＡは必ず各都市の中心的な通りに店舗を構えている（**図表２－５**）。これを活かし、エレガントかつイマジネーションに溢れたショーウィンドウにすることで、店舗そのものを広告としているのである。他店との視覚的に差別化を計ることで、店舗に少しでも興味をもってもらえるような工夫を施している。

②店内の雰囲気作り

ZARAは店内作りにおいて、居心地が良い空間を作り出すことを重視している。店に訪れる人の気分を良くさせるのはもちろんのこと、商品のみならず、商品を購入する場所さえ顧客に喜びを与えられる環境に作り上げている。顧客の多くは、ありとあらゆるブランドで埋め尽くされている消費社会の中で取捨選択をしながら、複数のモールや店舗に足を運ぶものである。その中でZARAは繰り返し足を運んでもらうために、「店内の雰囲気」という細部にこだわったのである。例えば照明の工夫。色彩が人間の精神状態に影響を及ぼすことを利用して、店内の雰囲気をよりリラックスさせる空間に作り上げている。他にも音楽を流したりアロマを利用したりすることで聴覚・嗅覚を刺激し、店内をリラックスさせるだけでなく、社員の注意力や集中力を促して生産性を向上させる効果を出している。また、視覚を刺激するために、頻繁に店舗自体の様相を変えることもしており、ときには販売スペースを犠牲にしてでも、イメージを重視した設計をすることもある。

図表2-5　ZARA銀座店

出所：Fashionsnap.comNews、U-NOTE。

③変化するデザイン

繰り返し足を運びたくなる店舗を目指すには、デザインに関しても顧客を飽きさせない工夫が必要である。そのために、ZARAは次々に商品を提案し、バラエティを豊かにすることで、どこよりも早く新商品を市場へ投入した。これにより、飽きさせない商品であることはもちろん、ファッションの流行にもいち早く乗ることを実現している。

④高級感があるのに低価格

本来は高級感のあるモノは値段が高い。しかしZARAの商品は高品質の素材に高級感のある服のラインを兼ね備えているのにもかかわらず低価格帯を実現している。その決め手となるのがZARAのビジネスモデルのカギとなる商品配送である（**図表2-6**）。週に2回各店舗へ商品配送を行うことで、店頭に置かれている商品のラインナップと顧客のトレンドを常にマッチングさせることを可能にした。これは各店舗のストックをほぼなくすことができるため無駄のない仕入れも実現できる。

ZARAとUNIQLOの比較

ここで日本生まれのファストファッションとして有名なUNIQLOと以下の3点を中心に比較してみたい（**図表2-7**）。

①広告

ZARAは2004年から広告を打っておらず、店舗を広告にする戦略をとっている。一方でUNIQLOは広告を前面に打ち出す戦略をとっている。一例をあげると、日本においては毎週折り込まれる新聞広告やテレビCMなどである。

広告を打つか否かで、顧客の店の利用目的・消費額・時間は変わる（**図表2-8**）。ZARAは広告を打たないので、「一押し商品」という概念が存在しない。というのも、

図表 2-6　ZARA のビジネスシステム

	リードタイム	活動内容
基本コンセプト	■1～2日	■コマーシャルチーム、カントリーマネージャー、デザイナーが一変に流して一気に商品企画とデザインを実施 ●コマーシャルチームの市場調査部隊に加え、カントリーマネージャーがリエゾンとなり、各国の情報を取得 ●それをもとに商品企画担当が基本コンセプトを1～2日程度で設計する
デザイン	■3日	●さらに、デザイナー（全体で 200 名配置）が、基本コンセプトをもとに平均 3 日程度でデザインを行う
製造	■1 週間～3 週間（原材料の在庫不良の場合は、3 週間程度かかるケースもある）	■ハイファッション製品は地元工場、それ以外は中国など賃金国で生産 ●ファッション性の高い商品は、外れる可能背もあるため、少量生産可能で、必要に応じてすぐにラインが止められる地元の自社工場で生産 ●ベーシックな商品は、賃金の安い中国、韓国、インドなどの契約工場で生産
配送	■1 日～3 日 ●欧州 24H ●米国 48H ●日本 72H	■ラコルニャの物流センターへ一度集約し、そこから全世界へ週 2 回配送 ●ラコルニャの本社付近の物流センターへ工場（自社工場 / 契約工場）から集約される ■店舗到着点時には、すぐに陳列できる状態になっている ●出荷時には、すべて各国の値段が付けられ、ハンガーにつるされている

出所：サービス産業生産性協議会　海外ベストプラクティス「ZARA」。

洋服はすべての人が似合うようには作られていない。着る人の雰囲気や体型によって、似合う商品が異なってくる。ゆえに、ZARAを利用するほとんどの人は、見つかるかどうかわからない中で、自分に似合う服を求めて店舗に行く。そのため、自分に似合う商品を見つけるために、店舗に滞在する時間は必然的に長くなる。店員が親身に対応してくれることも長時間滞在の一因とも考えられる。消費額においては、人によってかなり波がある。というのも、自分が気に入った商品に沢山出会えた場合は消費額も大きくなるが、気に入った商品に出会えない場合もあるからだ。一方UNIQLOでは、事前に「一押し商品」を前面に出した広告を打ち、予告を行う

図表2-7　ZARAとUNIQLOの比較Ⅰ

	広告	店舗作り	デザイン変化
ZARA	なし	「店舗＝広告」として力を入れている	新商品を2週間で店頭に並べる →とても早い
UNIQLO	あり	立地の良い大都市に店舗数を増やす	1年間かけて会議を重ね新商品を出す →一般的早さ

出所：筆者ら作成。

図表2-8　ZARAとUNIQLOの比較Ⅱ

	ZARA	UNIQLO
目的	「一押し商品」という概念があまりない →顧客1人ひとりによって合う商品が異なる。	「一押し商品」を求めて店頭に訪れる客が多い →事前に広告で報告
時間	長い	短い
消費額	波がある ＝最寄商品を扱う	欲しい物を求めて or 目的を持って買う ＝買い回り商品を扱う

出所：筆者ら作成。

（図表2－9、2－10参照）。顧客の多くはその予告を見て、一押し商品やセール品を買うために、店舗へ行く。目的の商品を買いに行くため、滞在時間は短くなる。

②店舗づくり

ZARAはふと覗いてみたくなるような外装・居心地の良い内装を施す店舗づくりを行っている。ZARAが店舗づくりに力を入れる理由は、顧客が店舗にいる間、いかに居心地良く感じてもらえるかがその後の顧客の消費行動にも影響を与えてくるためである。一方でUNIQLOは、顧客がすぐに立ち寄れるような大都市に出店したり、品揃えを豊富にするために売り場面積を広くしたりするといった店舗づくりを行っている。このような店舗づくりを行う理由は、2点ある。1つ目は、UNIQLOは顧客が求める商品を苦労

図表2-9　UNIQLOの新聞広告

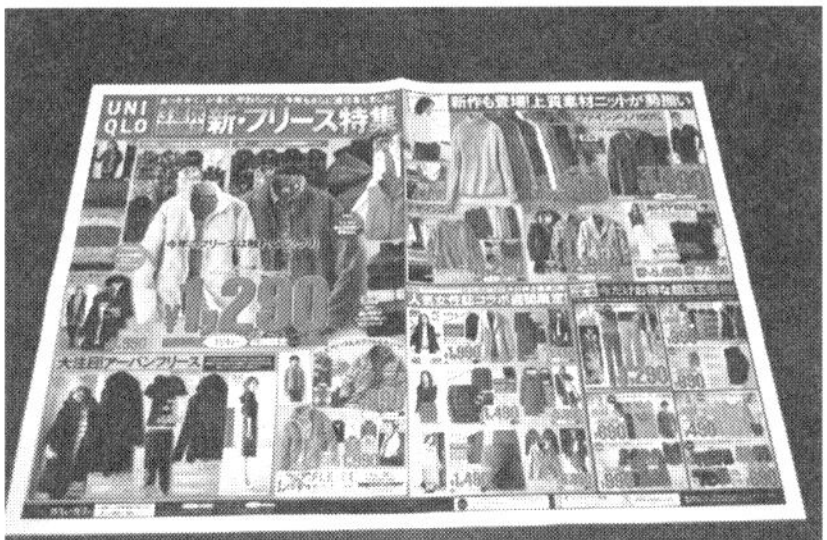

写真：関谷亜友美撮影。

図表2-10　UNIQLOの店頭広告

写真：関谷亜友美撮影。

なく手に入れる環境を揃える必要があるからだ。そして2つ目はブランドイメージと集客力の向上のためである。店舗数は毎年増え続けており（**図表2-11**）、売り場面積においては、日本国内では、2007年から標準店250坪の倍の売場面積をもつ500坪、または1000坪クラスの大型店を開発している。具体例をあげると、2007年UNIQLO神戸ハーバーランド店では約990坪、同年UNIQLO世田谷千歳台店では約900坪の売り場面積を設けている。このようにUNIQLOは、ZARAのように目にとまる外装を構えたり、居心地の良い空間にしたりする必要はないのである。

③デザイン

ZARAの戦略として特徴的なのが、トレンド商品の入れ替えの早さである。UNIQLOが商品企画から店頭に並べるまでを約1年かけて行うところを、ZARAは約2週間という異例の速さで成し遂げる。このことから、ZARAはトレンドの商品を常に店頭におくことができている。さらに、ZARAは洋服のバリエーションの豊富さも可能にしている。一方

図表2-11　UNIQLO 8月期国内店舗数

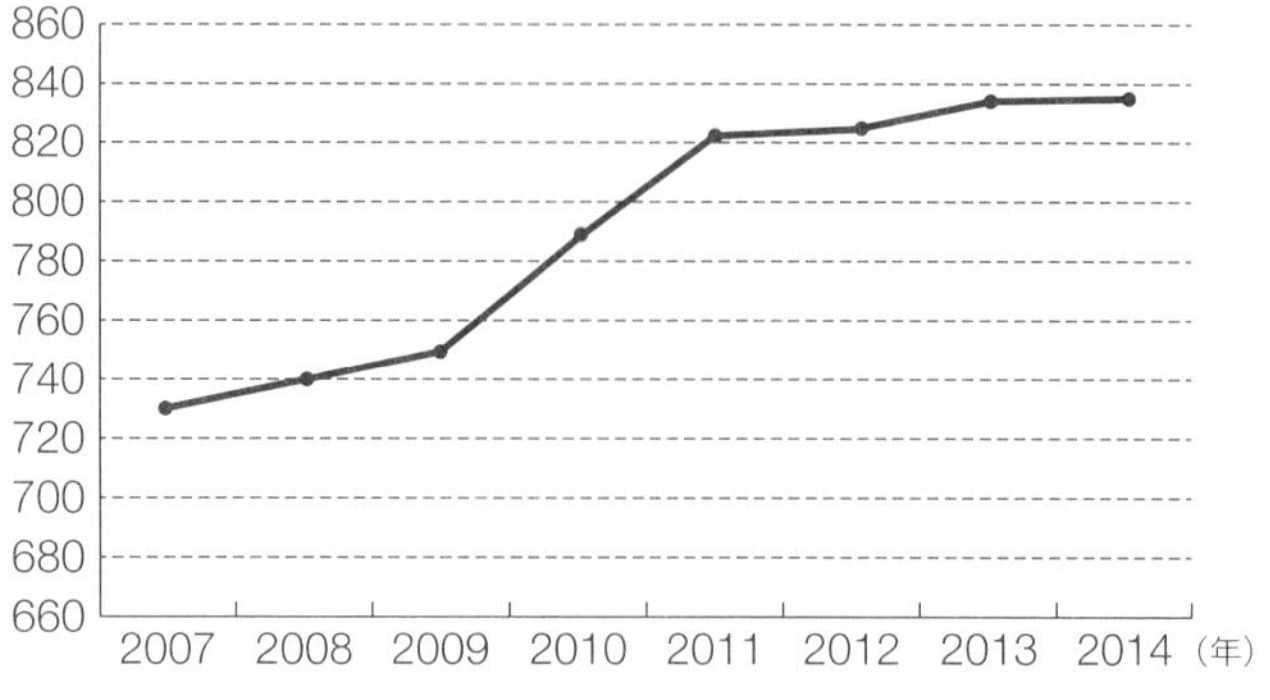

出所：UNIQLO HP。

UNIQLOが豊富にしているのがカラーバリエーションやサイズである。UNIQLOの扱う商品は、誰でも似合う商品であることが多い（**図表2－12**）。

例えば2013年秋に一押し商品として売り出されているウルトラストレッチジーンズ。履き心地の違いでウルトラストレッチジーンズとウルトラストレッチジーンズ・カーゴの2種類にわかれている。カラーバリエーションは、前者は16種類で後者は5種類と、全部で21種類のカラーバリエーションがある。さらに、サイズでは、女性に関してはXSから3XLまでと7サイズもある（**図表2－13**）。

このような店舗の工夫をZARAはインドネシアだけでなく全世界の店舗で行っている。店舗づくりも消費者を引き付けるためにもちろん必要だが、もう1つ大切なことがある。それは、現地代理店との信頼関係である。海外アパレルブランドがインドネシアで店舗を展開するには、現地代理店（エージェント）と提携するケースが多い。近年インドネシア主要都市の大手ショッピングモールは店舗ロケーション獲得競争が激しく、目ぼしいロケーションを長い間待つこともある。力のあるエージェントほどショッピングモールとの連絡が密接で、ロケーション空き情報も他社よりいち早く入手できるため、良いロケーションを確保するには地場エージェントとの結びつきが必要不可欠となってくる。その結びつきを深めるためには、彼らに認められ、選ばれるブランドとならなければいけない。ブランド力はもちろん、そのブランドがインドネシアでどのように適用していくのかを相手にきちんと説明できなければいけない。その点ZARAは自身のブランドに誇りをもっている。彼らは「国によって人々の好みが異なるという考えは問

図表 2-12　ZARA と UNIQLO の比較Ⅲ

	ZARA	UNIQLO
商品の入れ替え	とても早い（2 週間）	一般的早さ（約 1 年）
豊富なもの	洋服のバリエーション	カラーバリエーション、サイズ
ファッションの傾向	パリコレなどを連想させるもの	消費財に近いもの

出所：筆者ら作成。

図表 2-13　女性サイズ表

	XS	S	M	L	XL	XXL	3XL
身　長	149～156	153～160		159～166			
バスト	74～80	77～83	80～86	86～92	92～98	98～104	104～110
ウエスト	57～63	60～66	63～69	69～75	75～81	81～87	87～93
ヒップ	82～88	85～91	88～94	94～100	100～106	106～112	112～118
号　数	5	7	9	11	13	15	17

（cm）

	M	L
身　長	161～165	166～170
バスト	80～84	84～88
ウエスト	62～66	66～70
ヒップ	87～91	91～95

（cm）

	M / L	L / XL
身　長	150～165	155～170
ヒップ	85～98	90～103

（cm）

《注意事項》
※デザインによって異なる場合があります。

	22	23	24	25	26	27	28	29	30	31	32	33	34	35	36
ウエスト ヌード寸法	56	58.5	61	63.5	66	68.5	71	73.5	73	78.5	80	84.	86.5	89	91.5

（cm）

	58	61	64	67	70	73	76
ヒップ	85	88	91	94	97	99	101

（cm）

出所：UNIQLO HP。

違っている。アップルもスターバックスもZARAも同じことで、良い商品、良いデザインはどこの世界に行っても受け入れられる。人の心が国境を境に激変することはなく、ましてやこのグローバリゼーションの時代に好みが異なることはない。」という意見をもっている。

新興国ならではの見せる場「雑誌」

新興国といえどもコンビニ市場は発達している。都心部はセブンイレブンやローソンなど日本生まれのコンビニがあちこちにあり、多くの利用客で賑わっていた。都市部のコンビニでは、レジ下に雑誌スペースがあり、その約4分の1をファッション雑誌が占めている（**図表2-14**）。インドネシアのファッション雑誌の構成は、メインはトレンドに合わせた着こなしの紹介で、全身の服装、個別のアイテム（カタログともいえる）、ヘアスタイルやメイクが、モデルや芸能人、読者など多様な人物の写真で表されていた。恋愛、占い、音楽等のレビュー、ダイエットをはじめとする美容、料理のレシピ、また小物の付録など、実生活で役立つ情報やエンタテイメント要素も盛り込んでおり、日本のファッション雑誌とほぼ変わらない作りになっている。

図表2-14　コンビニの雑誌コーナー　ジャカルタ中心部にて

写真：関谷亜友美撮影。

２０１０年度におけるインドネシアの平均的な家計支出において、17％を雑誌やサービス利用料に支出しているという驚くべきデータがある（ＪＥＴＲＯ「インドネシアにおけるファッション市場調査」２０１２年３月）。またインドネシア都市部に住む15歳から39歳の女性８００人に、よく読む雑誌のタイプを聞いた調査もある（**図表２-15**）。この図からわかるように、雑誌を読む人は全体の44％である。ファッションに関する雑誌を読む人は、雑誌を読む人の約半数を占める。このことから、インドネシアではファッション雑誌の需要は高いことがわかる。

急速な経済成長を遂げているインドネシアではあるが、家計の２割を雑誌などにあてているという事実から、まだまだ娯楽の選択肢が少ないことがわかる。つまりインドネシアの人々にとって、雑誌を読むということは生活の楽しみの１つであると同時に、新しい情報を得るための貴重な手段の１つでもあることがわかる。ネット環境もあまり発達していないインドネシアで、ＺＡＲＡの知名度が高かったのは、雑誌を「見せる場」と

図表2-15　よく読む雑誌のタイプ(%)

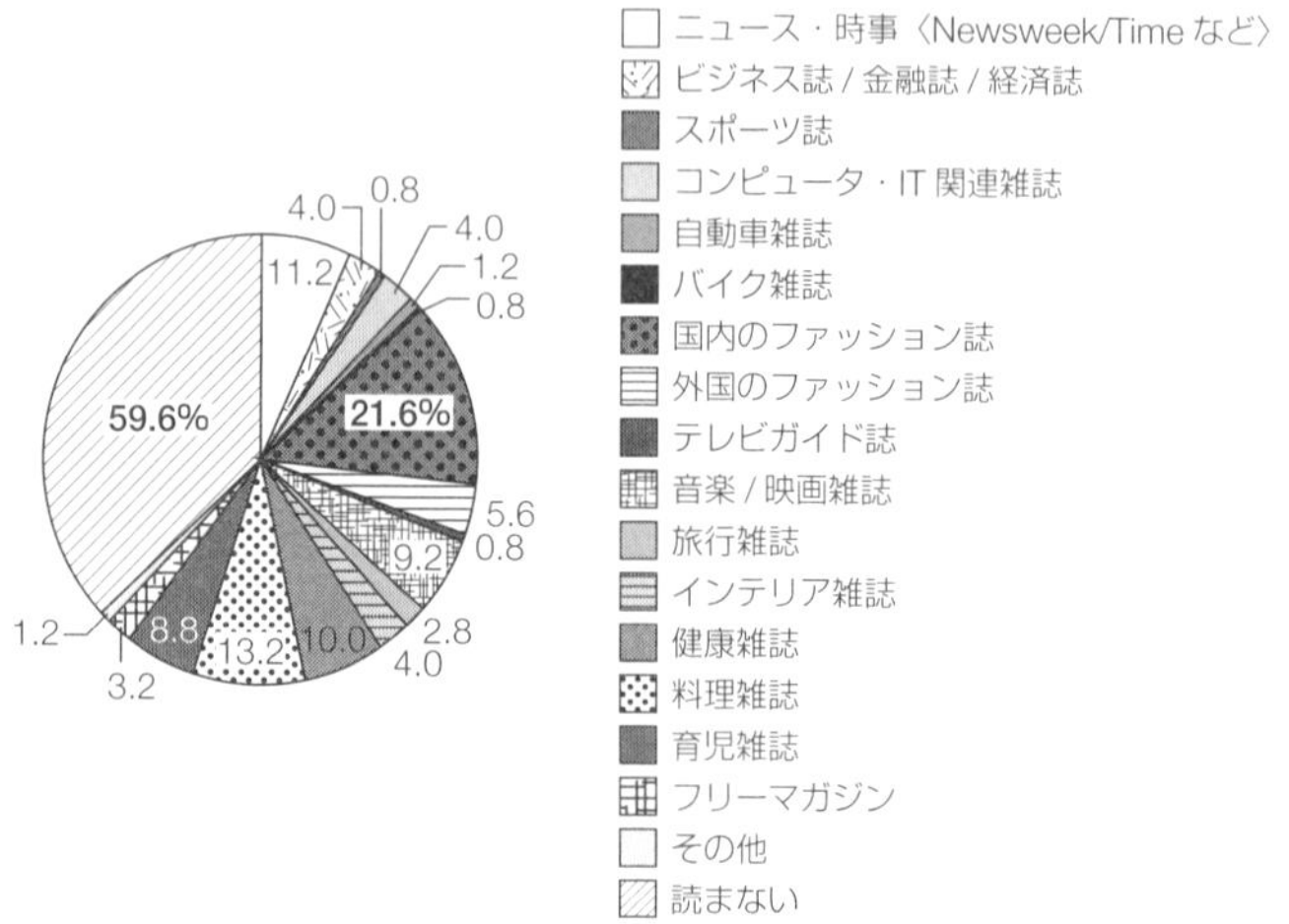

出所：博報堂 Global HABIT 2012。

して活用したことが一因となっていたことが理解できた。それでは、一体ＺＡＲＡは雑誌でどのような見せ方をしていたのかを検証していきたい。

①有名人の起用

テレビや映画に出ている有名人に憧れの気持ちを抱くことは全世界共通である。有名人といえば、ただ外見が優れているだけでなく、経済を動かす力・影響力も持ち合わせている。例えばファッションの流行などは有名人が作り出しているといっても過言ではない。日本でいえば、１９８０年代ではアイドル松田聖子の「せいこちゃんカット」という髪型が大流行、平成アイドル浜崎あゆみのヒョウ柄や金髪ショートの大流行などがあげられる。このようにトップ有名人の来ている服・ファッション・髪型は人気になりやすく、その経済効果は想像以上に大きい。インドネシアのあるファッション雑誌（Wonderteen 12 Zadiac & Fashion ２０１２年９月号）には、誰もが憧れるようなスタイル抜群の西洋人モデルがＺＡＲＡの服を着こなしていた（図表2－16）。白・黒・茶などの暗めな色合いだがシックな雰囲気で、派手な色を好まないイスラム文化を尊重したファッションにもなっていた。おそらくこのＺＡＲＡのページをみた人は、

図表2－16　ZARAの特集

出所：『Wonder teen』2012年9月。

憧れのモデルに少しでも自分が近づけるようにと、このファッションを真似たり、あるいはZARAについて関心を抱き、ZARAについてファッションの研究をしたりするだろう。これが有名人を起用する一番の理由である。

②現地の一般モデルをのせることでリアル感を出す

映画やテレビで活躍する憧れの人と一般人である自分とではあまりに差がありすぎて真似るにはちょっと……と思う人も少なくないだろう。そのような人のために、リアルにZARAのファッションを着こなすきっかけとなるのが、一般人モデルの起用である。ここでいう一般人モデルの起用というのは街中にいる一般の方の私服を雑誌に掲載することである。

日本には、東京ガールズコレクションというファッションの見本市がある。主に若い女性向けの既製服を対象とした服飾販売会と、それに付随するファッションショーとライブを行っている。一方でインドネシアには東京ガールズコレクションのような、最新の流行を国民に発表するような大きなファッションショーが存在しない。富裕層と企業を対象にした展示会（内容は東京ガールズコレクションと同様。首都ジャカルタでの開催が多数）は存在するが、どんな人でも足を運べる展示会とはなっていない。そこでこの展示会の役目を果たす存在が雑誌である。たった2万5000ルピア（約250円）あれば、郊外に住んでいても、雑誌という見本市に参加できる。この雑誌からファッション・ブランドを学び、その知識をもって店舗に行き、自分の買いたい服を購入するといった雑誌を介して間接的な取引が行われている。さらに雑誌には海外ブランドだけでなく、もちろん現地ブランドについての情報・最新ファッションも載っているので、購入の際の値段比較が可能となりお財布に優しい買い物ができる。

UNIQLO×雑誌コラボ

UNIQLOも日本においては雑誌やイベントを活用することで、ファッション性をあげ、成功している事例がある。以前のUNIQLOはファッション性が低いと世間では思われていた。2010年頃、日本国内で、「ユニバレ」「ユニカクシ」「ユニカブリ」という言葉が生まれた。「ユニバレ」は「ユニクロの服だということが他人にばれてしまうこと」。「ユニカクシ」とは、「タグをとってユニバレを防止すること」。そして「ユニカブリ」とは「同じユニクロファッションの人と出会ってしまうこと」。数年前は世間では「安い洋服」＝「ださい」という認識があり、低価格なUNIQLO商品を着ることは恥ずかしいことだと思われていた。しかし、これから紹介する以下のような人気雑誌とのコラボレーションやイベントを行うことで、ここ最近消費者に対するUNIQLOへの意識が変化してきた。具体例を紹介しよう。

UNIQLOは2012年3月の銀座店オープンにあたって、同年8月に商品開発において雑誌社と初めてコラボレーションした。UNIQLOからの申し出で実現した企画であり、実施の理由として「いつも見慣れている商品だけでなく、雑誌社の力を借りてこれまでとは違ったものを引き出してもらいたかった。常に相手先は探しているので今後もやっていきたい」とした。

UNIQLOは、8月11日から1カ月間ほどの期間限定で「UNIQLO×小学館スペシャルコラボサイト」を開設した。キャンペーン情報の告知や、4誌の誌面を紹介して、実際にモデル撮り画像を落とし込み、そこから購入もできるようにした。また4誌の8月〜9月発売号でも、人気モデルによる着こなしなどを掲載し、さまざまなチャネルからの情報発信を展開した。第1弾は光文社の「ストーリィ（STORY）」のニットや、「ヴェリィ（VERY）」のブラウス、集英社の「バイラ（BAILA）」のレギンス、宝島社の「スウィート（sweet）」のワンピース、計4誌のアイテムをラインアップ。価格は1990〜2990円。また、各誌の10月号ではコラボ商品を使ったスタイリングが紹介された（通販新聞記事「UNIQLO有名女性誌とコラボ商品、銀座店と通販で先行販売」より）。

このような工夫をすることで、UNIQLOは売上高・店舗数ともに着実に増加させることに成功している（**図表2-17**）。テレビ、イン

図表2-17　ファーストリテイリングの売上高と店舗数の推移

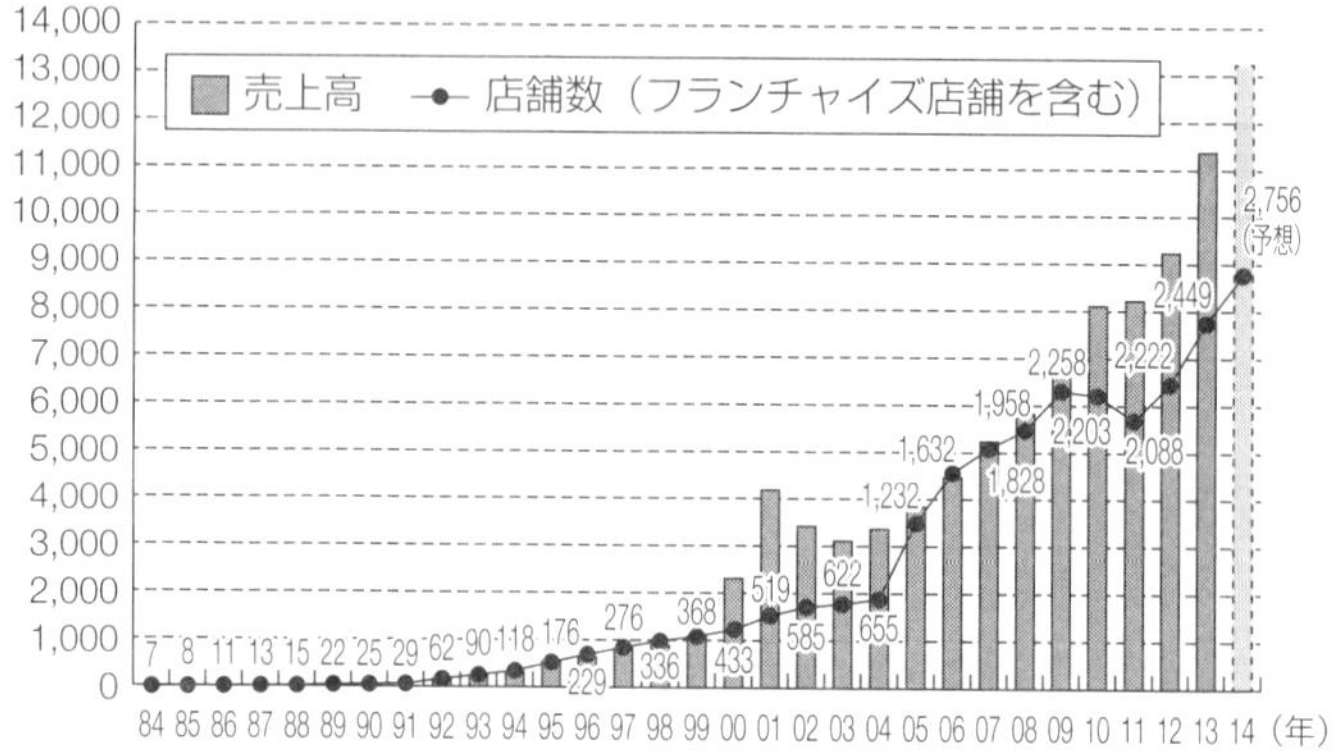

注）2002年度から連結ベースのデータ。
出所：UNIQLO HP。

ターネット、数えきれない広告など、情報を得る手段が数多く存在する先進国・日本でも「雑誌」は大きな役目を果たしているのである。

7 クール・ジャパンの使い方

以上、家具・アート・ファッションにおいて、見本市がどのように機能してきたのか、また見本市だけでなく雑誌や店舗などの「見せる場」を用いて、企業やアーティストがどのように情報発信をしてきたのか、といった点について思考を巡らせてきた。それぞれにおいてさまざまな状況があり工夫があるが、その共通する部分としてあげられるのは、見本市（展示会）や雑誌など競合が多く存在する状況に飛び込んでいく形で市場参入していくという点である。

自ら競合が多い中に飛び込みプレゼンスを発揮していくことは確かに一見するとあまり上手ではない戦略のように見えるかもしれない。しかし、ブランドを形成するということにおいては有効な面もある。よりブランド力のあるモノが主戦場にしている場に自らのモノも並べていくことによって自らのモノのブランドを同列までに高めていくという手法である。知名度アップについても同様のことが言える。

これを踏まえたとき、いかに競合の中でプレゼンスを示していくかが重要である。その文脈の中で「クール・ジャパン」というコンセプトは、需要な示唆を与えてくれる。つまり、海外の競合も多数存在する中においては、クール・ジャパンという大きな枠組みでアピールしていくことにより、海外の力のあるプレイヤーたちと同等のプレゼンスを獲得や発揮していくチャンスがあるということだ。

日本ブランドをそれ単体としてアピールしていくのではなく、〝海外の中の日本〟という形でアピールしていく。これがクール・ジャパンの最も上手な使い方なのであろう。

参考文献

朝日新聞デジタル（２０１３）「ＮＹから感じる、「パリコレのもつ意味」」(http://www.asahi.com/and_w/style/TKY201303210188.html)。

飯田一憲（２００８）中国現代アート拠点の動向（http://kirara.cyber.kyoto-art.ac.jp/digital_kirara/graduation_works/detail.php?act=dtl&year=2008&cid=551&ctl_id=54&cate_id=49)。

上山信一・深澤瑠衣子・村井裕実子・戸沢百合絵（２００９）「現代美術、難解だから売れないのか、売れないから難解なのか」(http://business.nikkeibp.co.jp/article/manage/20091125/210545/?rt=nocnt)。

梅澤高明（２０１２）「クール・ジャパン戦略」(http://www.atkearney.co.jp/pdf/CoolJapan_201201J2top.pdf)。

王屹（２０１２）「観光資源としての中国当代アート」『Core Ethics』８巻、４４５頁。

大川誠治「ギャラリー集積地からみた地域活性化に関する研究 ２０１０」(http://www.rs.kagu.tus.ac.jp/unolab/thesis/2010/okawa.pdf)。

川又啓子（２００２）「アート・マネジメントを取り巻く諸問題に関する一考察」『京都マネジメント・レビュー』第２号、１１９頁。

共同通信ＰＲワイヤー「人気女性ファッション誌10誌とのコラボレーション企画 第1弾、9月20日に全国一斉発売」(http://prw.kyodonews.jp/opn/release/201308274133/)。

経済産業省（１９６１～２０１０）「工業統計表」。

小林輝彦（２０１２）「第1部 世界が変わる」(http://www.47news.jp/47topics/daitenkan/1-4.html)。

小山登美夫（２００８ａ）『現代アートビジネス』アスキー新書。

小山登美夫（２００８ｂ）『その絵、いくら？―現代アートの相場がわかる―』THEORY BOOKS。

サービス産業生産性協議会「海外ベストプラクティス「ＺＡＲＡ」」(http://www.service-js.jp/cms/news_attach/091222_5_zara.pdf)。

辛美沙（２０１１）「世界の中の日本のアート」２０１１年度第11回物学研究会レポート。

シンワアートオークション（２０１２）「２０１２年5月期決算 説明資料」。

杉浦志保（２０１３）「現代美術家・村上隆の"創作の場"「カイカイキキアトリエ」はまるでギャラリーのような場所だった」(http://news.mynavi.jp/articles/2013/05/09/mt_atelier/index.html)。

鈴木春恵（２０１０）「中国の後塵を拝す日本のコンテンポラリーアート」(http://jbpress.ismedia.jp/articles/-/4768)。

竹内晋平（２０１１）「日本におけるアートマネジメントの現代的諸相」『佛教大学教育学部論集』第22号、97頁。

田中研之輔「ジェントリフィケーションに関する認識論的枠組み：序説」『Journal for Regional Policy Studies』75頁。

独立行政法人 中小企業基盤整備機構 経営支援情報センター「産地中小企業の海外販路開拓に係る実態と課題」（http://www.smrj.go.jp/keiei/dbps_data/_material_/b_0_keiei/chosa/pdf/kaigaihanro.pdf）。

似鳥陽子（２０１３）「特集 中国最新アート事情」（http://bizmakoto.jp/d-style/lifestyle/070215/page3.html）。

日本商工会議所、全国商工会議所「ＪＡＰＡＮブランド育成支援事業活用のためのガイドライン」（http://www.chusho.meti.go.jp/shogyo/chiiki/japan_brand/download/Jbrand_Guide.pdf）。

博報堂「Global HABIT 2012」（http://www.hakuhodo.co.jp/uploads/2012/04/HAKUHODO_GH2012_J.pdf）。

橋本南都子（２００９）「中国の美術品オークションからみた中国美術品市場の現状」日本ビジネス中国語学会セミナー。

林容子（２００４）『進化するアートマネージメント』。

ハンス・アビング著（山本和弘翻訳）（２００７）『金と芸術 なぜアーティストは貧乏なのか』grambooks。

ファーストリテイリング ホームページ（http://www.fastretailing.com/jp/group/strategy/tactics.html）。

文化庁長官官房政策課（２０１０）「文化芸術関連データ集」。

北京観光（２０１３）「歴史と現代、工業と芸術が出会う場所 ７９８芸術区」（http://japan.visitbeijing.com.cn/play/thematic/n214883030_3.shtml）。

ヘスス・ベガ・デ・ラ・ファジャ（２０１０）『世界中を虜にする企業 ＺＡＲＡのマーケティング＆ブランド戦略』アチーブメント出版。

三菱ＵＦＪリサーチ＆コンサルティング「中小企業の海外等販路開拓に関する実態調査報告書」（http://www.chusho.meti.go.jp/shogyo/chiiki/japan_brand/download/h24jb_chousahoukokusho.pdf）。

湊七雄・丸山雄大・周天韻・手塚広一郎（２００７）「アートを取り巻く現状と課題」『福井大学教育地域科学部紀要（芸術・体育学 美術編）』19。

村上隆（２００６）『芸術起業論』幻冬舎。

村上隆（２０１０）『芸術闘争論』幻冬舎。

村上隆（２０１２）『創造力なき日本――アートの現場で蘇る「覚悟」と「継続」』角川書店。

メルセデスベンツファッションウィーク東京 ホームページ（http://tokyo-mbfashionweek.com/jp/aboutmbfwt/）。

ユニクロ ホームページ（http://www.uniqlo.com/jp/）。

Fashionsnap.com News U-NOTEホームページ（http://www.fashionsnap.com/news/2012-09-05/zara-ginza-renewal/）。

FASHION PRESS「ファッションの歴史」（http://history.fashion-press.net/）。

Fashion Press「ＺＡＲＡ渋谷公園通り店オープン―ファッションショー―」（http://www.fashion-press.net/news/755）。

Fashion Studio (2011) The History of Fashion week（http://www.fashionstudiomagazine.com/2011/12/history-of-fashion-week.html）。

Fuchu-Furniture ホームページ（http://www.fuchucci.or.jp/jb/japan/）。

Gioia Diliberto (2009) Eleanor Of Seventh Avenue:Where Fashion Week Came From（http://www.huffingtonpost.com/gioia-diliberto/eleanor-of-seventh-avenue_b_268619.html）。

JETROホームページ（http://www.jetro.go.jp/indexj.html）。

JETRO（２００８）「中国の見本市ビジネス動向２００８」。

JETRO（２０１２）「インドネシアにおけるファッション市場調査」３月（https://www.jetro.go.jp/jfile/report/07001062/report.pdf）。

JETRO（２０１２）「国際画廊集積拠点に日系大手画廊が進出―現代美術取引市場の成長力に期待―（シンガポール）」通商弘報50d143596e988。

Re-mix Japan ホームページ（http://www.re-mixjapan.com/）。

SAJICA ホームページ（http://www.sajica.net/）。
TOKYO GIRLS COLLECTION by girlswaker.com（http://girlswalker.com/tgc/13aw/）。
ZARA 3店舗一覧（http://zarashop-zaraseal-zaraitem.blogspot.jp/2011/04/zara.html）。

第3章

ローカルフィット戦略

1 ブランディングと経営効率化の罠

ここまでの章では、日本企業が日本独自のやり方を海外に拡張展開する姿を見てきた。もちろん成功だけではなく、失敗や問題点も指摘したが、しかし基本的には「日本独自のやり方」にこだわってきた点は共通だったといえよう。しかし、この章では、日本企業が「日本独自のやり方」よりも、進出先ですでに他国の企業が形成してきた諸事情にあわせて商品戦略やマーケティングをする姿を紹介する。本書ではこれを、「現地化」と区別する言葉として「ローカルフィット戦略」と呼ぶこととする。わかりやすく対比すると、第2章で紹介した日本企業の事例は典型的な「現地化」であり、そこでは日本独自のやり方で進出先の市場や消費者を理解し、独自の方法でユーザーベネフィットの追求をする姿が見られた。一方、この章で紹介する事例は、そのような日本独自のやり方は影を潜め、むしろ先行参入した国内外の企業がすでに進出先の市場で確立しているやり方にうまく追従したり、あるいは現地の社会情勢やインフラ状況にあわせて商品や技術の在り方を大幅に変更したりしているケースである。

このようなローカルフィット戦略は、戦略の独自性という観点で見れば、あまり高い評価をされない場合が多い。要するに、「事情の産物に過ぎないだろう」という評価である。しかし実際に海外ビジネスを軌道に乗せ、自社のグローバル化を推進するためには、常に日本独自の方法が追求できるわけではなく、先行して進出した企業が作り出したやり方に追従することも重要といえる。むしろ、昨今の日本企業は案外そのような追従が苦手という傾向も見られ、それが新興国市場における苦戦の一因であると指摘できるのではないか、というのが本章の主題である。日本国内の市場と進出先市場の社会情勢やインフラの状況が著しく違う場合に、その違いの本質的な意味の理解に手間取ったり、あるいは単に日本より遅れているだけでいずれ相手国の社会が日本のやり方に適合してくるに違いないと思い込んでしまっている事例も見られる。そのような方法ではすでに進出先の「事情」に適合しているライバルと十分な競争ができるわけがない。つまり、ローカルフィット戦略は日本企業のマーケティングを語る上でこれまで軽視されがちであったが、このような姿勢では本質的な競争に参加する権利すら与えられない危険性がある。

「ローカルフィット」と「現地化」の違いについて、もう少し踏み込んで確認してみよう。いわゆる「現地化」については第1章で事例をあげて詳述したように、その基本は、現地人材の採用である。現地人材採用の理由は、主には安い人件費の活用であるが、それ以外にも、現地人にしかわからない細かい商習慣や市場嗜好性の把握などがある。現地人材を採用することで、もちろん「ローカルフィット」の礎が構築可能であることは間違いないが、本章で述べる「ローカルフィット」は、必ずしも現地人材を採用しなければ実現不可能という概念ではなく、逆に現地人材を採用すれば必ず「ローカルフィット」が実現できるというわけでもない。例えば、第2章で述べたとおり、多くの日本企業は「現地化」による市場嗜好性把握の後、独自の視点で現地での「ユーザーベネフィットの追求」という戦略をとってきた場合が多い。しかし、「ローカルフィット」という概念では、必ずしも戦略目的が「ユーザーベネフィットの追求」である必要はない。むしろ文字通り、「その市場の特性に合わせる」ことが主目的であるので、極端にいえばその市場で主流な売り方や商習慣であれば、それがユーザーベネフィットを追求したものでなくても構わないということだ。「良いものを作れば必ず売れる」という日本企業の中に広く浸透している通説とは、相容れない部分もある。

ローカルフィット戦略を考える際に参考にする先行的知見が2つある。1つは、戦後の日本企業のグローバル化の歴史を俯瞰し、最近の「新興国への進出」の位置づけを確認することである。ここ10年間のグローバル化が過去のグローバル化と比較してどう違うのか、逆に何が共通に受け継がれてきたのか、を確認することで、日本企業の海外マーケティングの在り方について興味深いヒントが得られる。もう1つは、韓国企業のグローバル化との比較である。韓国のサムスン電子とLG電子は、あらゆる新興国市場において日本企業の強力なライバルであり、全般的に日本企業が負けているケースが目立つ。韓国の2社と日本企業では、海外市場戦略において、いったい何が違うのかを概観して比較検討することで、本章で述べるローカルフィット戦略についてたくさんのヒントが得られることを期待する。

では1つめの先行的知見である、戦後以降の日本企業のグローバル化の歴史について見てみよう。**図表**

3-1は、一橋大学大学院商学研究科が2011年から2012年に実施した日本企業のグローバルマーケティングに関する企業アンケート調査の結果をもとに分析した資料である。表頭には、日本企業のグローバル化の3段階の歴史を配置し、表側にはコトラーの代表的なマーケティング理論である「4つのP（商品戦略、価格戦略、販売促進戦略、流通戦略）」を配置している。この図のそれぞれのマス目について、アンケート調査に回答した企業のそれぞれの該当事業のマーケティング戦略がどの程度「ローカルフィット」しているのか、をデータ分析をもとに判定した結果を記した。実際のデータおよびその分析方法についてはここでは説明を割愛するが、結果から興味深い問題点が読み取れた。以下、順に説明する。

まずグローバル化の第1段階である北米市場での「ローカルフィット」の状況を見てみると、4つのPのすべてについて、水準以上の十分な「ローカルフィット」状況があると分析された。日本企業による北米市場への進出は1960年代から開始され、1980年代の初頭ごろに最盛期を迎えたが、当時の日本企業のスタンスは、一言でいえば「先進国ア

図表3-1　進出市場における日本企業のローカルフィット度合い

	第一世代 北米市場	第二世代 欧州市場	現状 新興国市場
Product： 商品戦略・設備投資	かなり ローカルフィット	本社主導 →	設備投資は本 社商品は半々
Price：価格戦略	十分 ローカルフィット	日本と同じ （と思われる） →	十分 ローカルフィット
Promotion： 広告戦略・年間予算	十分 ローカルフィット	ほどほど ローカルフィット	十分 ローカルフィット
Place： 流通戦略・人員計画	非常に ローカルフィット	十分 ローカルフィット	十分 ローカルフィット

出所：一橋大学大学院商学研究科 GCOE「日本企業のグローバルマーケティング」調査結果より。

メリカに追いつけ追い越せ」というものであった。欧米の優れた商品をリバース・エンジニアリング（完成品を分解してその構造や製造方法を探るという研究開発方法）することで自社の技術力を向上させるのが一般的であった。その結果、北米市場のニーズに対する理解も十分に深まり、短期間のうちに製品性能のローカルフィットが達成されたといえる。価格については、当時の日米の経済水準差ゆえに、日本企業が十分に利益を出せる値付けをしても現地では割安な商品として流通できる状況にあった。このように、製品性能と価格の面でしっかりした競争力をもつに至った日本製品は、販売チャネルや販売促進方法についても早期に有利な体制を確立していった。現地米国のパートナー企業から見れば日本製品は「儲かる掘り出し物」のような存在であったため、積極的にアメリカ流のマーケティング手法を使うように促され、そのお蔭で、日本企業は日本国内とは一線を画した販売方法やブランド戦略を実現することができた。ホンダが北米専用のブランドとしてアキュラを設立したり、松下電器産業（当時）がナショナルという国内専用のブランド名とパナソニックという現在の社名を使い分けるようになったりした事例が顕著である。

このように北米市場については、その経過年数の長さも手伝って、現在の日本企業内部においても、大規模な「ローカルフィットの成功事例」としての地位を維持しており、グローバル戦略の礎を築いているといえそうだ。実際に企業ヒアリングをしてみても、北米事業は多くの日本企業にとって独立した事業部として運営されていることが多く、しかも人事面においても北米事業経験者が日本本社において高い地位に昇進するケースが見られた。日本企業にとって第1段階のグローバル化は、まさに栄光の成功体験になっているといっても過言ではないだろう。

次に第2段階のグローバル化である欧州市場についての状況を見てみよう。欧州市場への本格的な進出は1980年代半ばから開始され、1990年代半ばに最盛期を迎えた。このころ、前の10年と比較して日本企業が決定的に変化した点は、もはや「欧米に追いつけ追い越せ」の精神ではなくなったということだろう。このころの日本はちょうどバブル経済の最中でもあったため、日本製品は世界の物価水準の中でも割高なものへと急速に変化した。同時に性能面やデザイン面においても欧米の商品に引けをとらない品質に達したため、結果的には、わずか10年程度の短期間のうちに、メイドインジャパンは割安商品から高付加価値商品へと対極的な変貌を遂げた。この変化に伴って、主に欧州市場を舞台にした第2段階のグローバル化においては、相手国内で流通している欧米ブランドとほぼ対等なブランド競争をすることになったといえよう。またこの変化は欧州市場だけではなく、最大の規模を誇る北米市場にも波及し、日本企業のグローバル化はまさに新しい段階を迎えたといえる。マーケティング手法の点でも大きな変化を反映した変更が確認される。調査結果によって、欧州市場に対しては、商品をローカルフィットするのではなく、日本本社のコントロール下におく傾向が顕著になると同時に、価格も現地に合わせるのではなく日本と同じ価格にする傾向が確認された（**図表3－1**）。これは、商品戦略と価格戦略について明らかに第1段階とは違う傾向を示しているといえる。なお、販売チャネル戦略や販売促進戦略については大きな違いが見られずローカルフィット主体であったことを踏まえると、第2段階のグローバル化におけるマーケティング戦略の変化は、営業や販売現場の変化ではなく、商品の高付加価値化によるブランディングに主眼が置かれていた結果だと考えられる。すなわち、それまでは販売地域ごとに商品のブランディングもバラバラであったものを、世界統一ブランド化して日本本社で一元管理しようという変化であったことが欧州市場の調査結果に地層のように表れていると解釈できよう。

そして最後が2000年代以降から現在まで続いている第3段階のグローバル化である。このグローバル化の最初の舞台は中国市場であった。中国の市場開放の効果が顕在化したのはおおむね1995年ごろからである。当初は安い労働力と旺盛な政府の投資を原動力にした「世界の工場」としての位置づけが中心であったが、21世紀になってからは、中間所得層の増大に伴って「世界最大の消費地」としての存在感も拡大してきた。中国の成長力が世界経済に与える影響力が決定的に示されたのは、2009年のリーマンショックのときであった。このときすでに中国のGDPはほぼ日本に並ぶレベルに達しており、しかも中国の金融システムは世界金融と完全にリンクしていないという点が逆に功を奏して、リーマンショックのマイナスの影響が最小限に抑えられたと分析できる。一方の日本は世界で最もリーマンショックの影響を被った国となってしまい、日中間の量的な差は一気に縮まった。その後、中国はアメリカに伍する経済大国化を目指して現在に至り、逆に日本は不況からの脱出に手間取りつつも、いわゆる「チャイナリスク」を軽減するために、徐々にASEAN各国やインドにもグローバル化の幅をひろげてきている。この第3段階のグローバル化がそれ以前と最も違う点は、進出相手国の方が日本よりも経済的に後発な国であるということだ。つまりこれまでは海外のライバル企業を追う立場だったものが、今度は海外のライバル企業に追われる立場の中になったことを意味している。これは戦後の日本経済のストーリーの中で初めての経験である。また、相手国市場の方が日本国内市場よりも急速な経済成長をしているという点でも過去のグローバル化とは状況が違う。

これら2つの違い対して、日本企業は少なからず戸惑いを見せてきた10年といっても過言ではないだろう。最も大きな戸惑いは、4つのPの中でも商品戦略に表れている。グローバル化第2段階においては、商品戦略は日本でコントロールして基本的には世界統一の戦略をとる方がよいとされてきた。その方が強力で明快なブランディングを実現できるからだ。しかし新興国進出においては、この商品統合化がかえって足かせになってしまうケースが多い。つまり、現地の細かいニーズを反映したローカルフィット型商品が望まれているのが明白なのに、「商品開発の管理は日本で」「ある地域にしか適さない商品はブランドに傷をつける」という固定観念が強すぎて、ライバル企業がローカルフィット商品でシェアを伸ばしている間にも、しっかりした対応戦略が打ててこなかった、ということだ。ブランディングと経営効率化の罠ともいえるだろう。

価格戦略についても、ローカルフィットが十分とはいえない。日本で商品設計をしているため、たとえ実際の製造は新興国の工場で行っているとはいえ、やはりかなり割高な価格設定になってしまっているケースが多い。そのため新興国では富裕層しかターゲットにできない日本企業が非常に多い。この問題を解決するためには、新興国市場で必要とされる性能や品質に絞り、部品の供給なども日本からではなく現地生産あるいは中国などからの調達に変更した設計にし、根本的に原価構造を変更するしかない。一方で、この方法をとると、当然、商品戦略の管理を日本でコントロールすることが困難になるので、多くの日本企業がこのような価格戦略に踏み込むことに躊躇しているといえる。さらに、日本国内の市場だけを想定した原価構造の場合、あまり多くない想定販売数で原価償却計画を立てるわけであるが、これも高コストの原因になっている。最初から新興国中間層市場での販売を想定していれば、想定販売数は何倍にもなるので、結果的には商品1つ当たりのコストを大幅に下げることができる。「日本は先進国であり人件費が高いので新興国市場の中間層向けの価格戦略をとることは不可能」というような意見を述べる経営者もいるが、それは日本国内市場だけを想定しているからであり、最初から新興国中間層を相手に商売することを考えていれば、日本企業であっても大幅にコスト低減は可能なはずである。

さらに、直近の5年ほどにおいてはさらに困難な問題が表面化しつつある。それは中国市場で培ったマーケティングのノウハウが、ASEANなど他の新興国市場に上手に転用できていないという問題である。

図表3-2　日本企業の海外支社からのノウハウ移転

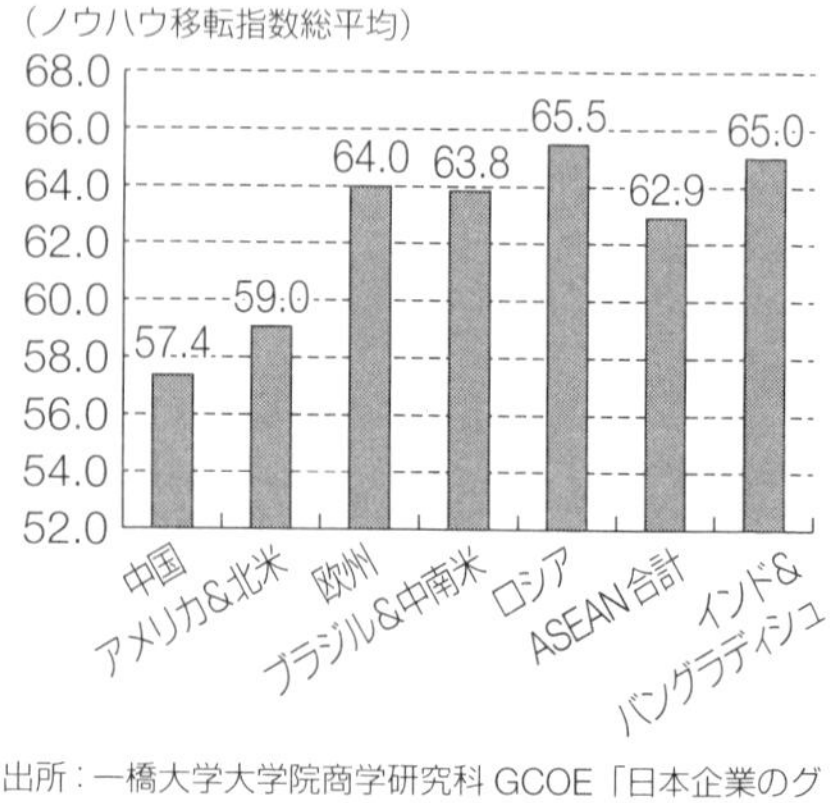

出所：一橋大学大学院商学研究科 GCOE「日本企業のグローバルマーケティング」調査結果より。

図表3－2は同じ調査の中で調べた日本企業の海外支社のノウハウ移転の状態を比較したデータである。各海外支社で培われたマーケティングのノウハウを日本本社や他の海外支社に移転しているかどうかを示す指数を独自の方法で算出して比較してみた結果、中国支社が最もノウハウ移転に消極的であることが判明したのである。このような状況があるゆえに、日本企業は第3段階のグローバル化においてもなお、第2段階のグローバル化のノウハウに頼るしかない状態にとりのこされてしまっているとも分析できよう。

2 ローカルフィットで成功した韓国企業

日本企業とは対照的に、新興国でのローカルフィットに成功して大きくビジネスを拡大してきたのが、サムスン電子、ＬＧ電子、現代自動車などの韓国大企業である。ここではサムスン電子がなぜローカルフィットに成功したのかを探ってみよう。

サムスン電子84％、パナソニック47％、シャープ52％、ソニー68％。これは各社の２０１１年度の海外売上比率の比較である。サムスン電子がいかに海外市場を重視しているのかがわかるデータである。サムスン電子が本格的にグローバル化を開始したのは90年代前半であり、日本企業よりもむしろ遅かった。最初に重点進出したのは中国、インド、ブラジル、ロシアの4か国であったが、特に中国については、最初から生産拠点としてだけではなく商品を売る消費市場としても着目していたという点が日本企業との最大の違いといいえる。その成功の象徴といえる商品は「Anycall」という中国独自のブランドで展開している携帯電話である。サムスンの「Anycall」は、当時のライバルであったノキアやモトローラよりもかなり割高であったにもかかわらず、中国独自の強力なブランド戦略によってわずか数年のうちにトップシェアを獲得した。その後、同じようなブランド戦略を薄型テレビ、ノートPC、デジタルカメラ、エアコンなどにも展開し、中国市場でのブランド地位を確固たるものにしていった。日本企業が欧米でのブランド戦略を重視して中国を生産拠点としか評価していなかった時期に、サムスン電子はむしろ中国市場内でブランド戦略を確立していたということである。新興国におけるローカルフィット戦略に対する重視度の違いは歴然としている。

ローカルフィットはブランド戦略だけではない。商品戦略そのものにおいてもいくつもの興味深い成功例がある。例えばイスラム教信者が多い国で販売するスマートフォンにはコーラン（イスラム教の経典）を最初からインストールして販売したり、電圧が不安定な国でも安心して使えるように保冷剤を内蔵した冷蔵庫を販売したり、というケースが有名である。またサムスン電子の最大のライバルである同じ韓国のLG電子もユニークなローカルフィットを成功させている。例えばインドでは、メイドを雇う習慣が普及していることに着目し、メイドが食品を盗まないように鍵つきの冷蔵庫を販売したり、あるいは10種類もある地方言語のすべてに対応するテレビを開発したり、さらに77種類ものインド料理を調理できる電子レンジを開発したり、などの例がある。さらに現代自動車も、ターバンをしたままでも便利に乗降できるように天井を高くした自動車や、クラクションを頻繁に鳴らすドライバー向けに、ステアリングのクラクションボタンを増やした自動車などを開発している。

サムスン電子やLG電子が今の成功を勝ち取った要因はさまざまにあるが、本章で焦点を当てているローカルフィット戦略に絞れば、その最大の成功要因は日本企業とは大きく違う人事戦略にあるといえそうだ。サムスン電子は、「地域専門家」という職種制度をもっており、これまでに延べ4400名もの「地域専門家」人材を育成してきたという。この制度は、入社3年目以上の若手課長代理クラスの人員が対象で、毎年約200人を選抜し、約1年間、相手先国に日常業務から完全に離れて派遣し、実際に現地生活に溶け込ませることで、ローカルなニーズを深く理解することを目的にしている。1年の派遣期間が終わると本社に帰任し、獲得した数多くのノウハウを本社にシェアした後、再びその国の駐在員として派遣される人員として育成されるという。派遣先数も80か国、700都市にも達しているというから、日本企業の海外人材派遣とはレベルが違うことが一目瞭然である。これら地域専門家の育成に、サムスン電子は少なくともこれまで370億円ほどを投資してきたという分析もある。2012年時点では、250名の地域専門家が主にインドなどで活動しており、彼らから本社に届けられるレポートは膨大な量に及んでいるという。

このような韓国企業によるローカルフィット戦略は、日本で販売されているビジネス書の大部分の中で、単に「徹底した現地化戦略」と紹介されている。しかし前述のとおり、日本企業が考える「現地化」戦略とは、内容も目的も大きく違っていることがわかるであろう。前述のとおり、日本企業にとっての「現地化戦略」の基本は、現地人材の採用であり、日本人の大量派遣ではない。それに対して、韓国企業の場合は、かなりな投資規模で韓国人を現地に派遣させる戦略をとっている。なぜこのような違いが出るのか？それは、戦略目標が違うからだと分析できる。つまり、日本企業の場合は、新興国においても「日本のやり方」を踏襲しようという戦略目標をもっているのに対して、韓国企業の場合は、新興国それぞれにフィットした「現地のやり方」の開発を戦略目標にしている、ということだ。それぞれの「やり方」を開発しなければならないというミッションをもっているのであるから、韓国本社から優秀な人材を大量派遣するのは、ある意味で当然といえる。日本企業の場合は、「日本のやり方」を現地人材を使って再現すればよいだけであるから、むしろ本社から派遣する人員は最小限に絞るのが妥当な意思決定になる。このような大きく違う内容を意味しているにもかかわらず、多くの日本のビジネスマンは、韓国企業のグローバル化戦略を、同じく「現地化」戦略という言葉でしか理解しようとしてこなかったがために、最も大切な違いをしっかり理解できてこなかった可能性がある。

韓国企業のこのようなやり方は、まさに「ローカルフィット戦略」であることが改めて確認できる。つまり、日本企業が第1段階のグローバル化において北米市場で展開したやり方と酷似しているということだ。現地で「日本のやり方」を踏襲するのではなく、現地のニーズや生活環境・論同環境を深く理解し、それに合った新しい「やり方」を新しく作ることを目標にして、かなり大勢の人員を派遣した。その根底のモチベーションは「欧米に追いつけ追い越せ」であったわけだが、サムスン電子の場合は、同じような戦略を、新興国を舞台に、しかも世界80カ国で同時実施しているという違いがある。そしてその根本的なモチベーションは「欧米に追いつけ追い越せ」ではなく、「かつての日本企業に追いつけ追い越せ」であったといえよう。第3段階のグローバル化で戸惑い右往左往する日本企業が、こんな強力で一貫した戦略を展開する韓国企業に勝てるはずもなかったのは、いわば自明ともいえそうだ。

3 ローカルフィットに挑戦する日本企業

しかし、日本企業の中でも、すべてが新興国で失敗しているというわけではない。韓国企業にはやや遅れをとったものの、新興国市場の重要性を理解し、単なる「現地化」を超えたローカルフィット戦略を始めた企業も徐々に増加してきている。そこで以降では、日本企業がアジア市場においてとったローカルフィット戦略の事例を紹介する。

ひとくちにローカルフィット戦略といってもその内容はさまざまである。製品自体をターゲット市場向けに改良する場合もあれば、製品価格を現地の所得水準に合わせ引き下げる場合もある。販売する場所や流通経路を工夫する企業もあれば、現地の習慣に合わせたプロモーション戦略を導入する企業もある。そして、重要なのは、成功企業はどれも、進出先である市場の文化や生活習慣、経済や政治情勢等を入念に調査し市場の特性を理解した上で、自社がどのような価値提供をできるかということを盛り込んだマーケティング戦略を構築していることである。

下記にあげる6つの事例では、それぞれの市場にどのような特性があり、企業はどのように自社製品を現地化させたのかということを見ていく。特に、製品（Product）・価格（Price）・流通チャネル（Place）・販売促進（Promotion）という4つのPに注目し、どの要素をローカルフィットさせているか、分析を試みる。

インドネシアとタイの生活習慣に適合：花王のアタック

１９６０年代からアジア進出を開始した日本の大手生活品メーカー花王は、現地のニーズを汲み取った製品と、手頃な価格感により、インドネシアとタイにおいて成功している。

そもそも、2009年時点での家庭への洗濯機普及率はインドネシアでわずか28％、タイで50％と先進国のそれを大きく下回り、今日でも手洗いで洗濯を行う人々が多い。また、インドネシアやタイの人々の所得レベルは日本ほど高くないため、日本において誰もが購買できる大衆製品でも、現地に持ち込めば高額な製品となってしまう。

花王は、一見進出困難と思われるこの市場において、製品を現地のニーズにあわせて改良することで成功した。洗濯機を使用しない消費者向けに、従来の洗濯機用洗剤よりも泡立ちが良く汚れをきれいに落とすことのできる「Attack Easy」という手洗い用洗剤を開発した。また、所得水準の低い消費者層が気軽に購入できるよう、1回分の使用量ずつ小分け包装した製品を低価格で販売するということも行った。これが現地の消費者に受け入れられ、花王は着実に売り上げを伸ばしている。

また、インドネシア向け製品として、花王は「Attack

図表3-3　ローカルフィット事例
花王　洗濯用洗剤“アタック”

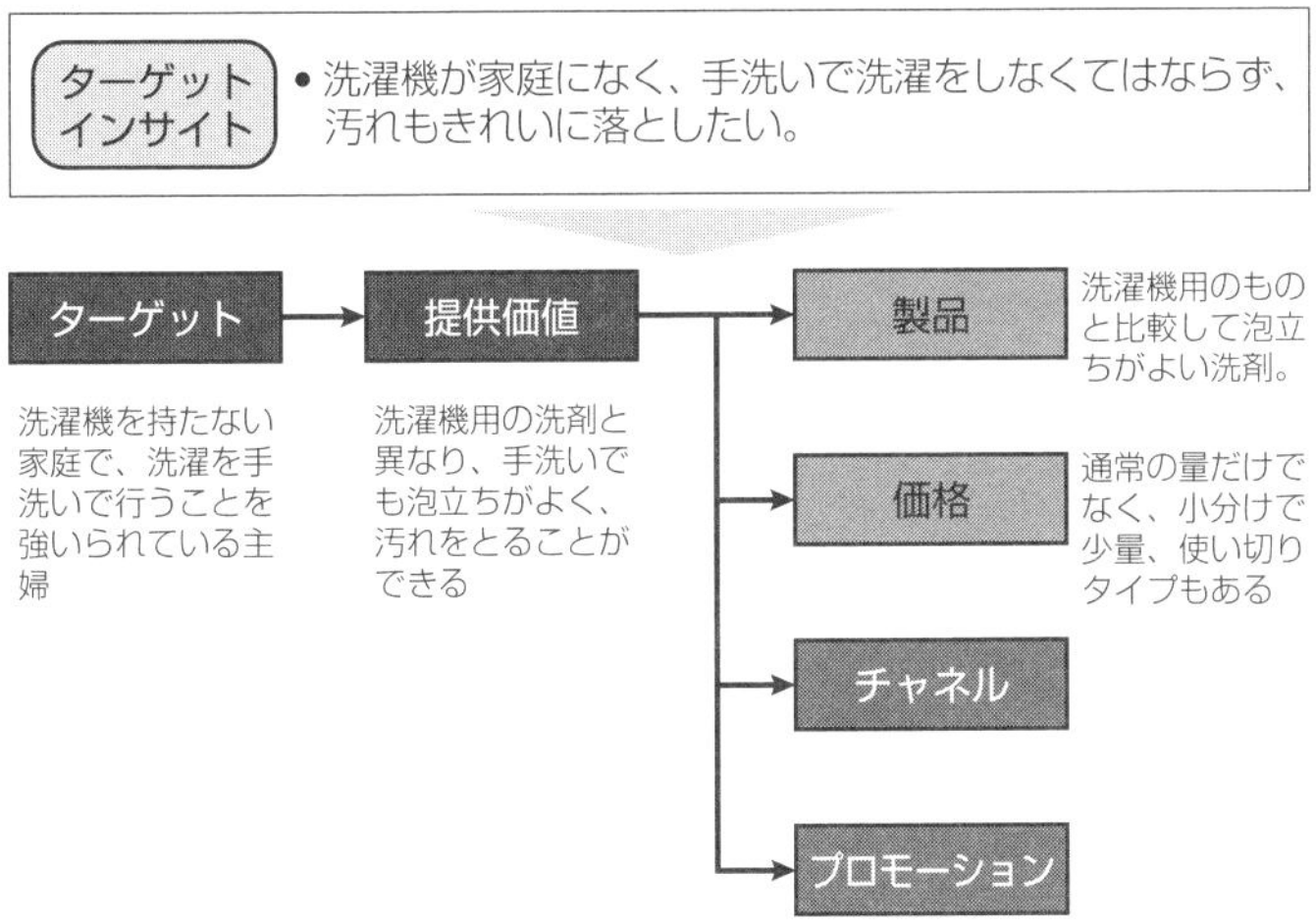
ターゲット インサイト
●洗濯機が家庭になく、手洗いで洗濯をしなくてはならず、汚れもきれいに落としたい。
ターゲット
洗濯機を持たない家庭で、洗濯を手洗いで行うことを強いられている主婦
提供価値
洗濯機用の洗剤と異なり、手洗いでも泡立ちがよく、汚れをとることができる
製品
洗濯機用のものと比較して泡立ちがよい洗剤。
価格
通常の量だけでなく、小分けで少量、使い切りタイプもある
チャネル
プロモーション

出所：筆者ら作成。

Batik Cleaner」という製品も売り出している。バティックとはインドネシアの伝統的な染め布地で、スカーフや頭巾、腰巻きに使用されている。花王はこのバティックを洗濯するための専用洗剤を開発し売り出している。このように、現地の洗濯習慣に合わせた製品（Product）を開発し、所得水準に見合う手頃な価格を実現させた点が、花王のローカルフィット戦略の成功要因であるといえる。

このように製品を小分け包装し、途上国の消費者が購入できるよう低価格で販売する手法は、英蘭系生活品メーカーのユニリーバがインドにて貧困層向けにシャンプーを売り出した際に用いて有名になった。どの業界でもいえることであるが、先進国の企業が新興国市場へ参入する際に直面する障壁が、自国より低い現地消費者の所得水準である。この小分け包装戦略は、そんな価格障壁を打ち破る1つの方法であるといえる。ただし、やみくもに製品を小さくパッケージングすればよいという訳ではなく、進出先市場の特性を理解し、消費者にどのような価値を提供するのかを明確に定めた上で、小包装戦略を採用すべきである。

インドネシアでおしゃれへの願望に応えた：マンダムの整髪料

株式会社マンダムも、小分け包装した製品を販売することで成功を収めた日本企業の好例である。マンダムの海外展開はとても早く、創業から約30年後の1958年にはフィリピンへ、1969年にはインドネシアへ進出した。当時から東南アジアを生産拠点としてのみならず有望な販売市場と見ていたという当社の、インドネシアにおける整髪料のローカルフィット戦略を分析する。

マンダムの整髪料がインドネシアで人気を得たきっかけは、華僑系貿易商が当時日本でヒット商品となっていたスティック状の整髪料「丹頂チック」を日本からインドネシアへ持ち帰ったことであった。インドネシア進出時点からそのブランド名を認識されていたマンダムであったが、日本より経済水準の低いインドネシアにてマンダムが価格面で困難に直面したのはいうまでもない。日本から製品を輸入して販売する場合、輸入品に対して高い関税がかけられること、インドネシアの経済水準は日本より低いことを要因として、マンダムの整髪料はマンダムの意に反して「高額な」製品となってしまう。

そこで、「安価で高品質の大衆向け化粧品を販売する」というマンダムのコンセプトをインドネシアにおいても実現させるため、マンダムは以下のようなローカルフィット戦

図表 3-4　ローカルフィット事例
マンダムの整髪料（インドネシア・フィリピン）

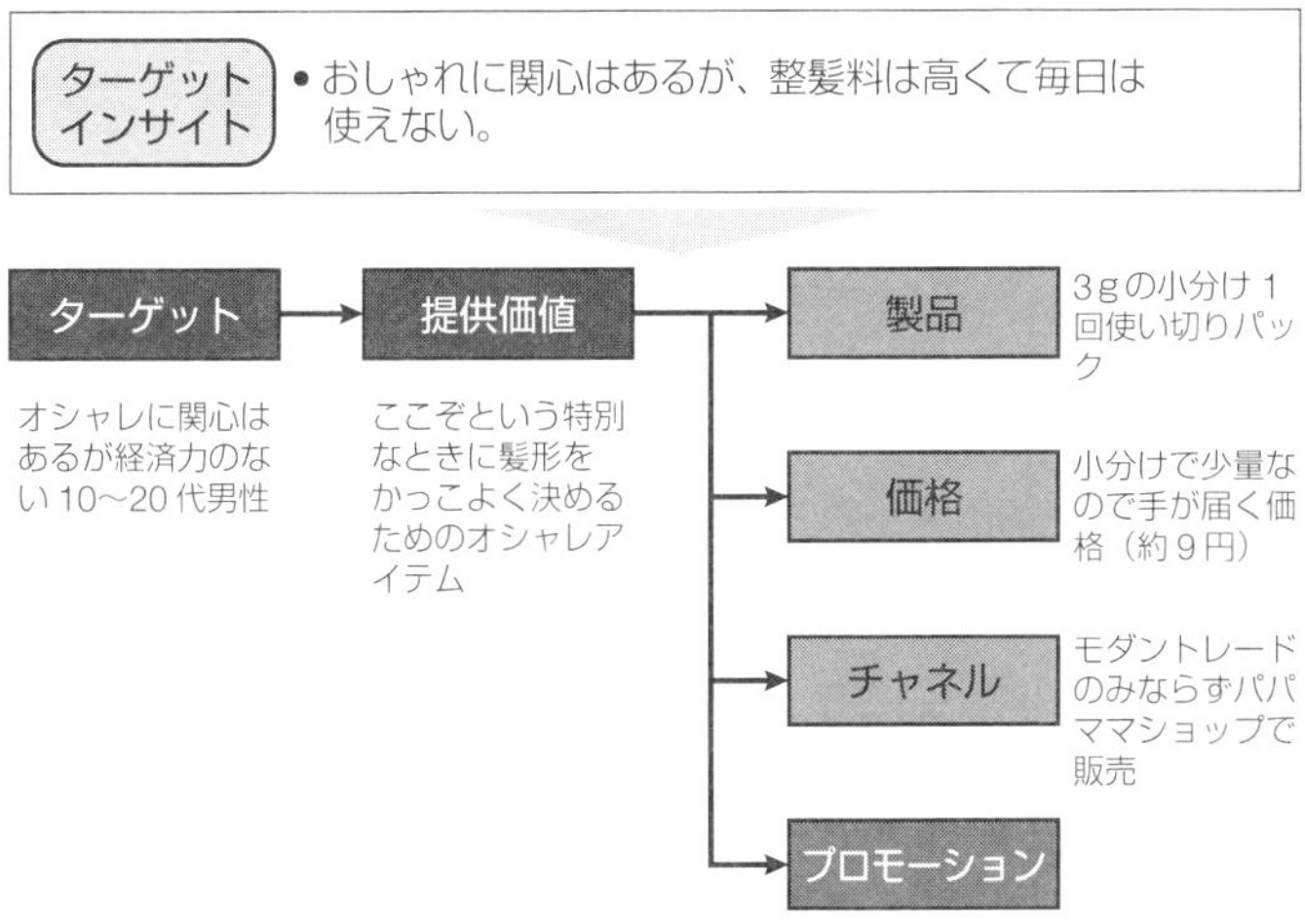
ターゲットインサイト
・おしゃれに関心はあるが、整髪料は高くて毎日は使えない。
ターゲット
オシャレに関心はあるが経済力のない10～20代男性
提供価値
ここぞという特別なときに髪形をかっこよく決めるためのオシャレアイテム
製品
3gの小分け1回使い切りパック
価格
小分けで少量なので手が届く価格（約9円）
チャネル
モダントレードのみならずパパママショップで販売
プロモーション

出所：筆者ら作成。

略を考案した。まず現地企業と合弁会社を設立し、インドネシアの嗜好に合わせた整髪料を現地生産する。そしてそれを少量ずつ包装し低価格で販売するという方法であった。6g入りの小包装を約350ルピア（約3円）で販売することで、マンダムは経済力は高くないがおしゃれに関心のある10代から20代の若者男性の購買を促進することに成功した。

このように、おしゃれをしたいという現地の消費者の願望を捉えたマンダムは、手頃な価格でおしゃれを実現できるという価値を提供するために、製品と価格の現地化を進め好評を博した。

数学大国インドのニーズを汲み取った：CASIOの計算機

次に紹介するのは、従来の製品に進出市場の特性に合わせた新機能を追加し成功した事例である。電機メーカーCASIOは、経済成長の著しいインドの電卓市場において成功を収めている。

いわずと知れた数学大国インドには、独特の商習慣が存在する。多くの小売店にレジはおかれておらず、店員は電卓を用いて金額を計算する。また、数字を3桁ずつカンマで区切る西欧式の数字表記とは異なり、インドの人々は数字をはじめは3桁、その後は2桁ずつカンマで区切って表示する習慣がある。CASIOはこの特殊なインドの事情をチャンスと捉えた。

CASIOはインド市場向けに、数字を欧米式のみならずインド式でも表示が可能な電卓を開発した。レジを使用しない一般小売店をターゲットとし、390〜500ルピー（約700〜900円）という手頃な価格でこのインド式電卓を売り込んだところ、市場に受け入れられ経済成長著しいインドにおいて新たな市場の開拓に成功した。

また、小売店のみならず、学生をターゲットとした関数電卓の販売においても成功を収めている。インドでは文系よりも理系大学の人気が高い。理系学生が必要とするのが、対数関数や三角関数をはじめ複雑な計算を行うことができる関数電卓である。ＣＡＳＩＯは流通チャネルの面で工夫をすることで、インドにおける関数電卓の売上を伸ばしている。直接消費者へ売り込むのではなく大学へ営業を行い、大学側から学生にＣＡＳＩＯの電卓を勧めてもらうという方法をとった。その結果、インドの関数電卓市場において約9割のシェアを得るまでに至っている。

このＣＡＳＩＯのインドにおける電卓市場への参入は、製品（Product）と価格（Price）、または販売チャネル（Place）において現地化を行い成功した好例である。

図表3-5　ローカルフィット事例
CASIO 「インド式計算機」関数電卓

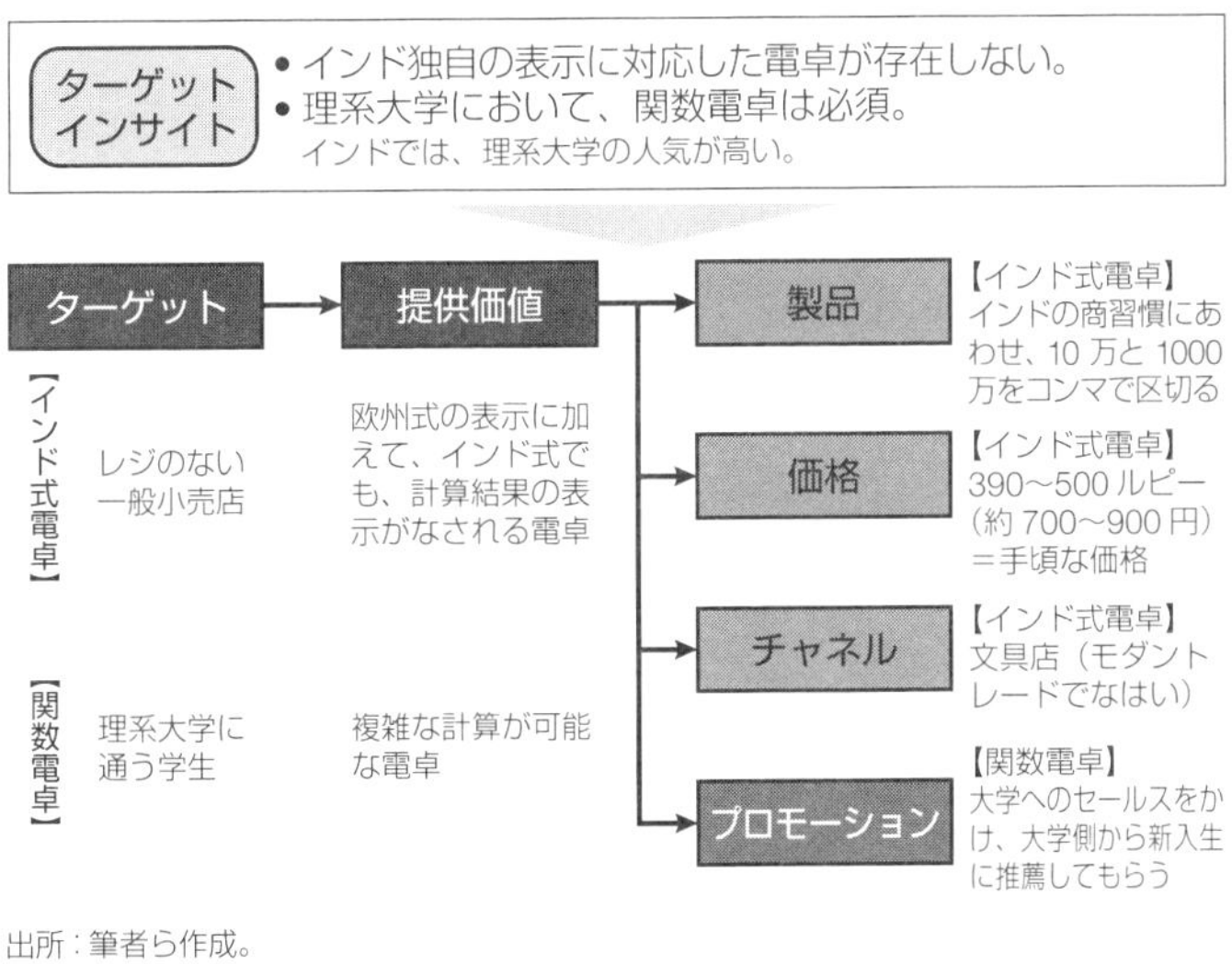
ターゲットインサイト
• インド独自の表示に対応した電卓が存在しない。
• 理系大学において、関数電卓は必須。
インドでは、理系大学の人気が高い。
ターゲット
提供価値
製品
【インド式電卓】インドの商習慣にあわせ、10万と1000万をコンマで区切る
価格
【インド式電卓】390〜500ルピー（約700〜900円）＝手頃な価格
チャネル
【インド式電卓】文具店（モダントレードではない）
プロモーション
【関数電卓】大学へのセールスをかけ、大学側から新入生に推薦してもらう
【インド式電卓】
レジのない一般小売店
欧州式の表示に加えて、インド式でも、計算結果の表示がなされる電卓
【関数電卓】
理系大学に通う学生
複雑な計算が可能な電卓

出所：筆者ら作成。

インドネシアで電源不要：TOTOのウォシュレット

トイレメーカーで日本トップシェアを誇るTOTOは、インドネシアにおいて現地の慣習に合わせた製品の現地化を行い、成果を上げている。インドネシアでは、トイレで用を済ませた後、貯水つぼから手桶で水をすくって尻を洗うという習慣がある。また、日本とは異なり、トイレをおく場所に電源をもたない家が多く存在する。

1977年にインドネシアに合弁会社を立ち上げた進出を果たしたTOTOは、現地の生活習慣を理解し、自社製品を現地のニーズに合わせることを徹底した。トイレに電源をもたない家庭でもTOTOのウォシュレットを使えるよう、電源不要のウォシュレットを開発した。便器脇に取り付けられたつまみを回すと水圧によりノズルが伸びて水が出るという仕組みである。結果、消費者のニーズをつかむことに成功し、今ではインドネシアの中高級品トイレ市

図表3-6　ローカルフィット事例
TOTOのエコウォッシャー（インドネシア）

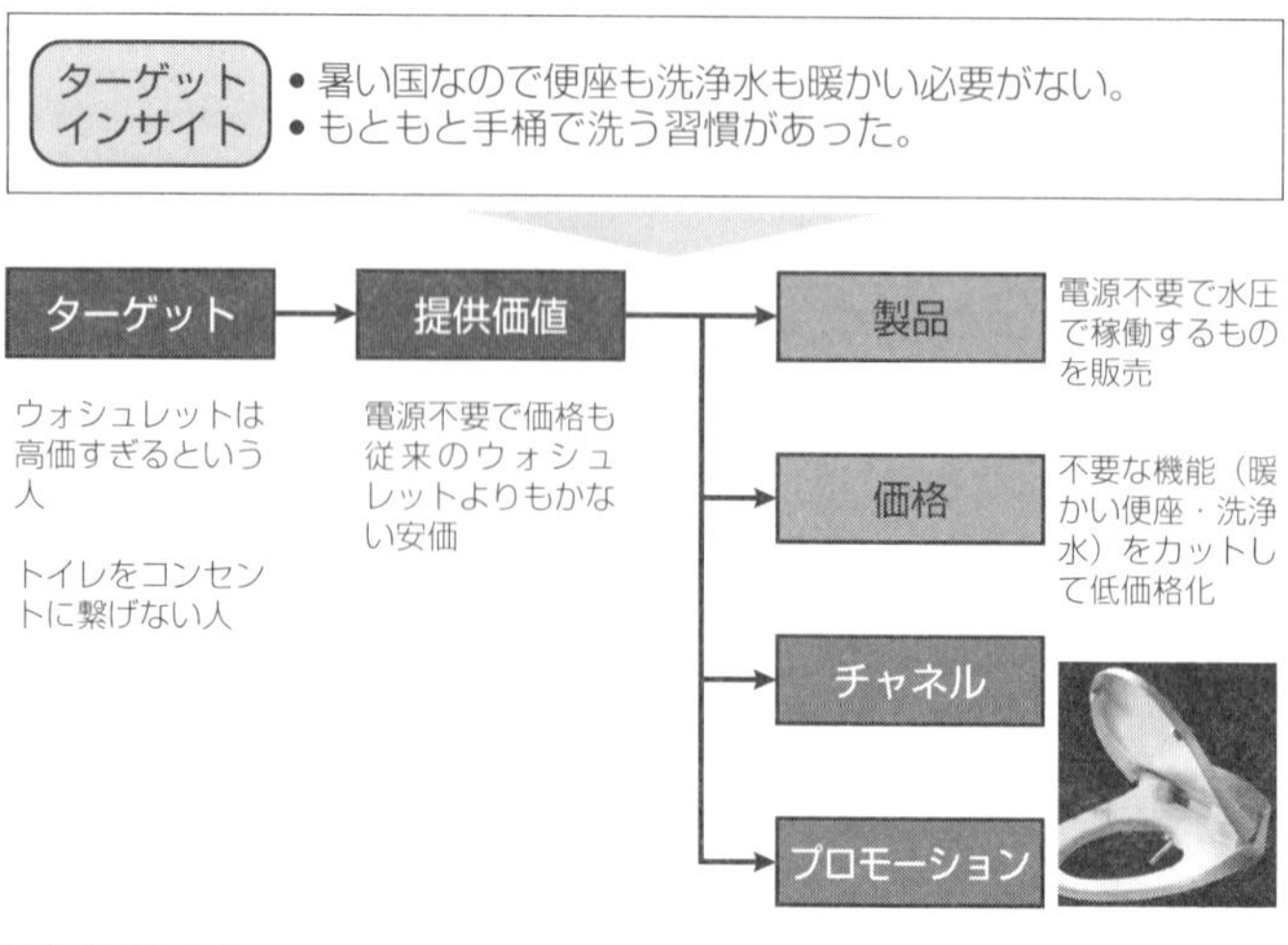
ターゲットインサイト
• 暑い国なので便座も洗浄水も暖かい必要がない。
• もともと手桶で洗う習慣があった。
ターゲット
ウォシュレットは高価すぎるという人
トイレをコンセントに繋げない人
提供価値
電源不要で価格も従来のウォシュレットよりもかない安価
製品
電源不要で水圧で稼働するものを販売
価格
不要な機能（暖かい便座・洗浄水）をカットして低価格化
チャネル
プロモーション

出所：筆者ら作成。

場にて65%ものシェアを得ている。

注目すべき点は、現地の生活様式を理解した上で、進出国の人々には不要な機能を取り除き本当に必要とされる機能のみを提供することで、価格を抑えながら製品が過剰品質になることを避けた点である。これは、日本の製造業の海外に進出する際に気を付けるべきことである。日本で受け入れられている高品質・高性能の製品をそのまま新興市場へもって行っても、不要な機能を搭載した高額な商品となり、進出先にて受け入れられないケースがよくある。TOTOは、うまく機能と価格のバランスをとりつつ現地化に成功した例である。

インドの料理文化に溶け込んだ：パナソニックの炊飯器

日本では最もポピュラーな調理家電の1つ、炊飯器。インド市場にて炊飯器を売り出したパナソニックであったが、はじめから成功を収めたわけではなかった。当初、障壁となったのは調理文化の違いであった。インドでは米を圧力鍋で炊き、さらに野菜やカレーを同じ鍋で調理する。米だけを調理するパナソニックの炊飯器は必要とされなかった。

日本製品を持ち込むだけでは成功しないことを痛感したパナソニックは、まず製品のローカルフィットを図った。インドの家庭や販売店を入念に調査した上で、製品の改良に取り組み、試行錯誤の末、炊飯器上部にトレーを取り付けることで従来の炊飯機能に加えて蒸し野菜やカレーの調理も可能とした「多目的調理器」を考案した。

しかし、パナソニックには次なる試練が待ち受けていた。プロモーションの難しさである。インドに多くの民族や言語、異なる気候や食文化が存在すること、すなわち多様な消費者および市場が存在することが、マーケティング戦略を考案する上での大きな困難となった。いかに優れた製品を開発しても、消費者に存在を知ってもらわないと売上は伸びない。ここでもインドの市場の特徴をつかむことが、パナソニックの成功の秘訣となった。パナソニックは地域別のマーケティング活動を開始した。地理的条件や生活習慣をもとにターゲットとする市場を細かく分類し、エリアごとに異なるデザインを導入した。さらに、公用語である英語やヒンドゥー教に加えて、地域に応じてその現地語を使用し、製品説明を表記した。また、地域ごとに食される米の種類が違えば炊飯に必要な最適な水量も異なることから、詳細な説明書き

図表 3-7　ローカルフィット事例
Panasonic の炊飯器（インド）

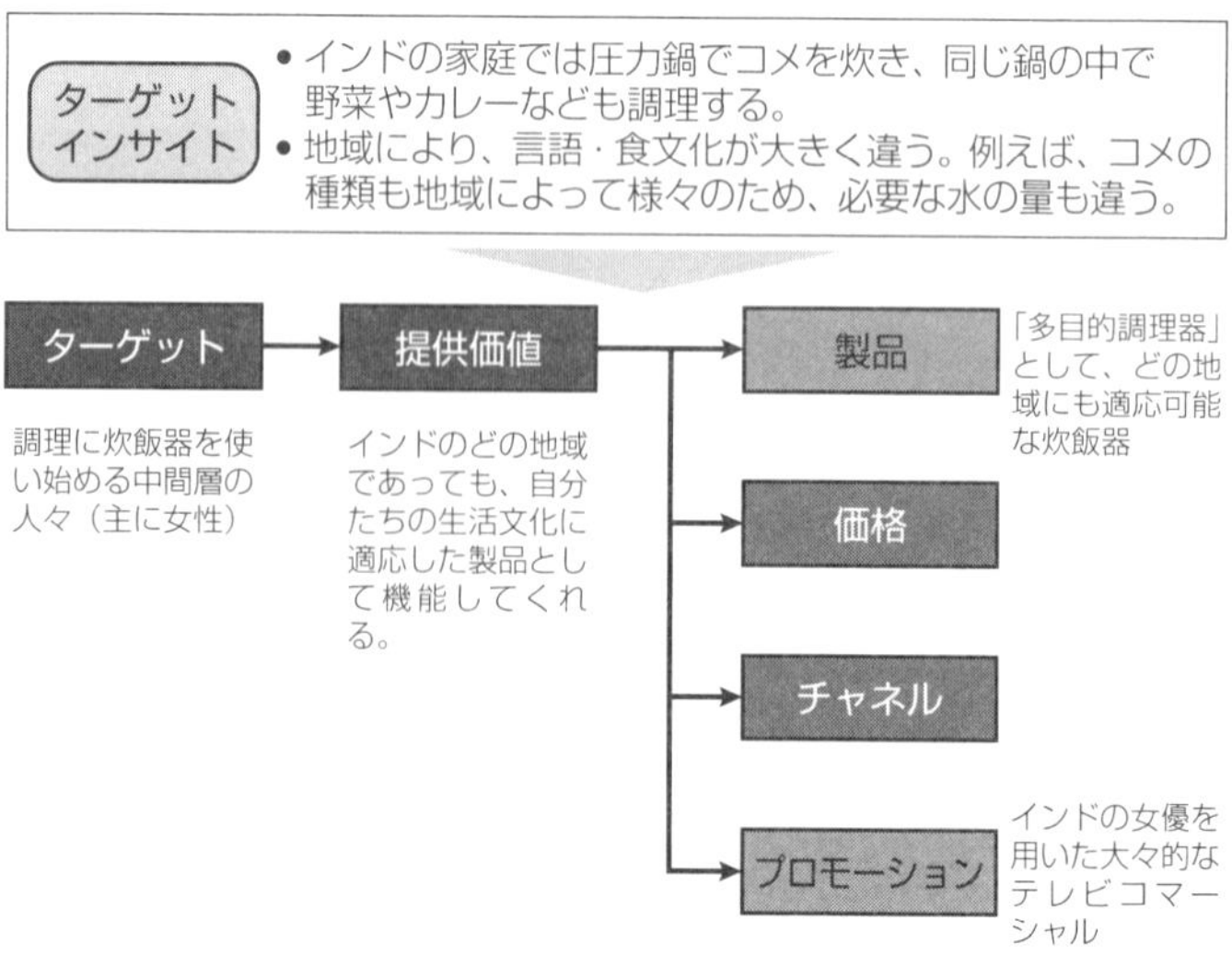
ターゲットインサイト
• インドの家庭では圧力鍋でコメを炊き、同じ鍋の中で野菜やカレーなども調理する。
• 地域により、言語・食文化が大きく違う。例えば、コメの種類も地域によって様々のため、必要な水の量も違う。
ターゲット
調理に炊飯器を使い始める中間層の人々（主に女性）
提供価値
インドのどの地域であっても、自分たちの生活文化に適応した製品として機能してくれる。
製品
「多目的調理器」として、どの地域にも適応可能な炊飯器
価格
チャネル
プロモーション
インドの女優を用いた大々的なテレビコマーシャル

出所：筆者ら作成。

をつけるというところにまで気を配った。

このように、製品（Product）と販売戦略（Promotion）をうまくローカライズさせることで売り上げは急増し、1991年に4万台であった販売台数は、2012年には100万台に到達、市場シェアは5割を超えるに至った。これは、現地の調理習慣に合わせた製品の改良、およびインドという広大なマーケットにおける地域別のマーケティング戦略が功を奏した結果であった。

インドネシアで健康飲料市場を開拓：大塚製薬のポカリスエット

最後の事例は、インドネシアにおいて成功を収めているポカリスエットである。ポカリスエットといえば、日本ではスポーツ飲料の代名詞。しかしインドネシアでは健康飲料としてその名を轟かせている。

まず、インドネシアと日本の大きな違いの1つに気候の違いがあげられる。温帯である日本とは異なり、赤道直下であるインドネシアの平均気温は年間をとおして30度前後。したがって、日本と比較するとスポーツ人口は圧倒的に少ない。また、デング熱など熱帯地域の病気により下痢や脱水症状に悩む人が多い。さらに、約2・5億人の人口のうち88％（約2・1億人）がイスラム教徒であるインドネシアでは、ラマダン（断食月）の時期に多くの人が脱水症状を起こしてしまうという。

このように日本と大きく異なるインドネシア市場において大塚製薬がとった戦略は、現地の特性に合った製品価値を提供することであった。材料を現地調達し、現地で製造されるポカリスエットの味や成分は、日本のそれとほぼ同じ。当初はポカリスエットをスポーツ飲料として売り出した大塚製薬であったが、売上が伸びなかったことから方向転換を図り「スポーツ飲料」ではなく「健康飲料」として売り込み始める。現地の販売促進員が病院や学校へ赴き、ポカリスエットが下痢や脱水症状の際、水分補給のために役立つことを説いて回った。さらに、2004年にデング熱が大流行すると、水分と電解質を効率良く補えるポカリスエットの知名度は著しく向上し、売上は急増した。インドネシアにおいて一般の清涼飲料水は約3000ルピア（24円）で売られているのに対し、ポカリスエットは約5000ルピア（40円）と割高であるのにもかかわらず、現在も販売量を増加させている。1989年の発売開始以来、その売上を順調に拡大し、2009年度には前年比30％増の売上高、年間販売本数約4億5000万本を記録した。これは、大塚製薬が現地の文化やニーズを捉え、それに適合した商品価値を提供したから

**図表3-8　ローカルフィット事例
大塚製薬のポカリスエット（インドネシア）**

ターゲットインサイト
- 暑いためスポーツ人口が少ない。
- デング熱やラマダンの際、脱水症状を起こしやすい。

ターゲット → 提供価値 → 製品 / 価格 / チャネル / プロモーション

ターゲット：デング熱患者
断食中（ラマダン）のイスラム教徒

提供価値：デング熱や断食中の水分補給飲料

製品

価格

チャネル

プロモーション：病院や学校への営業・啓発

出所：大塚製薬株式会社HPより筆者ら作成。

であるといえる。

以上の事例分析を通じ、ローカルフィット戦略の内容がいかに多岐に渡るか、改めて確認することができたであろう。商品を小分け包装し低価格で販売する企業、市場の特性を踏まえて新たな機能や価値を追加し成功した企業、日本とは異なる流通チャネルをうまく活用しブランドの認知度を高めた企業。どの場合についても共通していえることは、進出国の特性をよく理解することが基本になっているということである。国が違えば、生活習慣や文化、気候も異なる。そしてそこには異なる消費者のニーズが存在する。特に、生活文化に根差した製品（食品や日用品）を販売する企業の場合、消費者と市場の理解が成功への鍵を握るといえる。日本的経営の中での、あるいは「欧米に追いつけ追い越せ」の文脈の中でのブランド戦略の中での、従来の「現地化」戦略という概念を、かなり根本から考え直すべき時期が来ているというべきだろう。

4 「現地のやり方」を活かす戦略

本章は「ローカルフィット戦略」の重要性を主題として、日本企業のグローバル化の歴史、ローカルフィット戦略による韓国企業の成功事例、そして日本企業の成功事例を検証した。企業のグローバル化において、しばしば混同されやすい「現地化」戦略と「ローカルフィット」戦略であるが、その違いを明確に理解することの重要性を説明した。企業が日本においてとっている方法や戦略を海外市場においても実現させユーザーベネフィットを追求するのが前者なのに対し、後者のローカルフィット戦略は、本社から進出先への人材派遣、現地の情勢への事業の適合を通じて進出市場の特色に適合した戦略を構築するという特徴がある。

また、戦後の日本企業のグローバル化の歴史を俯瞰することで、１９６０年代以降に北米進出を果たしたグローバル化第1期、１９８０年代以降に欧州へ進出した第2期とは異なる、第3期のグローバル化の特徴をつかむことができた。今日の日本企業の進出先であるアジア新興国の経済水準が日本より低いことが、欧米へ進出した際のグローバル化との大きな相違点であり、これが価格戦略の面で大きなネックとなっている。大幅なコスト削減を達成するためには、現地での製品設計と生産を行うなど抜本的な原価構造の変革が必要とされる。そしてそれは、ブランディング戦略は本社により一元的に管理されるのではなく、個々の進出企業にあわせて柔軟に管理される必要があることを意味する。

ローカルフィットの成功事例として、韓国企業の取り組みに注目を当てると、現地のニーズに基づく積極的な商品開発や、現地への大量の人材派遣とその育成といった、日本企業にはあまり見られない韓国企業の特徴が見えてきた。日本企業が進出国において、現地人材を雇用しつつも結局は「日本独自のやり方」でビジネスを行おうとするのに対し、本社人材を長期間大量に現地に送り、「現地のやり方」に教えを得て開発することを目指すのが韓国企業の成功の秘訣である。

現在の日本企業のグローバル化は、韓国企業がとったような「ローカルフィット」戦略ではなく、あくまでも日本独自の方法を現地で押し通そうとする「現地化」ではないかと指摘したが、なかには独特の方法でローカルフィット戦略に取り組む日本企業もある。現地の生活習慣にあわせて新製品の考案に取り組んだり、製品を少量ずつ包装し低価格で販売したり、現地の消費者には不要である機能を製品から取り除いたり、とその方法は多岐に渡る。注目すべき点は、どの成功企業も現地の消費者をよく観察し、消費者の視点から自社製品を見直し、明確なターゲットと提供価値を定めている点であるといえよう。独自の戦略に固執し過ぎず、進出先の慣習や社会情勢に柔軟に対応していく姿が共通点であるといえる。グローバル化第3期にある現在、このようなローカルフィット戦略の重要性は今後ますます高まっていくと考えられる。

参考文献

赤羽真紀子（２０１１）「ＢＯＰビジネスの正しい進め方」東洋経済ＯＮＬＩＮＥ（http://toyokeizai.net/articles/-/7795/?·page=2）10月6日。

岩渕秀樹（２０１３）『韓国のグローバル人材育成―超競争社会の真実―』講談社現代新書。

大塚製薬株式会社（２０１０）大塚製薬ニュースリリース「インドネシア現地法人Ｐ．Ｔ．アメルタインダ大塚、ポカリスエットの新工場の竣工式を5月26日に実施」（http://www.otsuka.co.jp/company/release/2010/0526_01.html）5月26日。

外務省（２０１３）「インドネシア共和国基礎データ」（http://www.mofa.go.jp/mofaj/area/indonesia/data.html）10月24日。

花王グループサイト（http://www.kao.com/group/ja/group/history.html）。

高橋健一（２０１２）日本経営合理化協会BOOK&CD/DVD「インドネシアのポカリスエット」（http://www.jmca.jp/column/takashima/69.html）7月3日。

中村真司・内藤純（２０１２）「デング熱とラマダンとポカリスエットの深い関係」日経ビジネスＯＮＬＩＮＥ（http://business.nikkeibp.co.jp/article/report/20120517/232249/）5月22日。

一橋大学大学院商学研究科ＧＣＯＥ（２０１２）「日本企業のグローバルマーケティング」調査結果

御手洗久巳（２０１１）「韓国企業のグローバル経営を支える組織・機能―サムスン電子を事例として―」『知的資産創造』11月号。

柳澤里佳（２０１２）「企業特集：ＴＯＴＯインドネシアでもシェアトップ、〝超〟現地化経営の強さとひずみ」『週間ダイヤモンド』9月7日。

李相勲（２０１３）『図解　サムスンの経営戦略　早わかり』中経出版。

第4章

日本のインフラ輸出に伏在する弱みとその克服

1 なぜインフラ輸出なのか

これまでの議論とは大きく視点を変えて、4章と5章では、インフラ産業の輸出における諸問題を考えていきたい。インフラ産業の輸出は、その重要性・将来性から、わが国の重要政策の1つとして掲げられ、各ビジネス誌や経済誌などでもしばしば特集が組まれるように注目の集まる分野である。

インフラ産業というと、日本では政府が主導で建設・整備・運営しているものが多いが、海外においては民間が主導で行う場合も多い。そしてインフラの整っていない新興国においては、ノウハウのある先進国の民間企業にプロジェクトを発注することが多い。実はこの点こそが、日本企業にとっては大きな困難を発生させる伏在的な要因といえる。つまり、日本国内では政府や公共機関が主導で進められてきた事業を、新興国では民間企業が主導して進めなければならないということが多くなるのである。それゆえ、日本の民間企業の経営の中に今まではなかった種類のノウハウを要求されることが多くなり、「ものづくり」だけでは戦えない問題が数多く生じてくる。

インフラ産業は発電所、上下水道、鉄道、道路、港湾、橋梁などさまざまなものがあげられるが、それらには共通の特徴がいくつかある。

第1に、初期投資が非常に大きい巨大プロジェクトとなりやすく、また投じた資本は毎年の利用料等で少しずつ回収していくため、資本回収に時間がかかるという点である。

第2に、インフラ産業は今まさに「求められているモノ」であるということである。世界におけるインフラ産業全体の投資規模予測は、2025年には4190兆円に上るといわれている。現在成長の著しい新興国では、いまだインフラの整っていない地方、地域が多い。例えばインドネシアのジャカルタでは、交通渋滞が深刻な問題となっており、早急な交通インフラ整備が求められている。そして今、日本とインドネシアが共同で進めているインドネシア首都圏投資促進地域（MPA）マスタープランのうちの1つに、ジャカルタ都市高速鉄道の整備、ジャカルタ首都圏輸送能力増強が盛り込まれており、早期実施事業として優先的に行われている。

第3に、インフラの整備は他産業の経済効果に波及するということである。日本企業がインフラ整備を行うと、日本企業の進出拠点整備やサプライチェーンの強化につながり、現地の市場獲得にも結びつき、副次的な効果が期待できる。今後日本企業が進出する上で有利となる可能性が高くなるのである。

では、実際に日本は海外インフラ産業にどれほど進出しているのだろうか。インフラ産業にかかわるエンジニアリング企業やゼネコンの海外売上高比率を比較してみると、残念ながら日本企業は海外企業に後塵を拝していることがわかる（**図表4-1**、メーカーは含まれていないが、メーカーにおいても海外企業に後れをとっていることを後述する）。

交通の分野ではフランス、スペイン、中国の企業でほぼ半分を占め、日本はドイツ、アメリカに次いで6位で、占める割合も非常に小さい。石油分野では、アメリカ、イタリア、韓国、フランスに続き5位である。建築分野・水分野も同様、欧米・中国といった企業が目立つ一方、日本は微々たる数字であることがわかる。

前述のように、インフラ産業は現在注目の集まるところであり、「技術大国」と呼ばれる日本はその技術を生かしてプレゼンスを獲得していきたい分野である。しかしながら、なぜ日本のインフラ輸出が進んでいないのだろうか。インフラ輸出の根底にある弱みを見つけていくことが本章の目的である。

図表 4-1　世界の上位225コントラクター分野別海外売上高（2010）主要受注企業国内訳

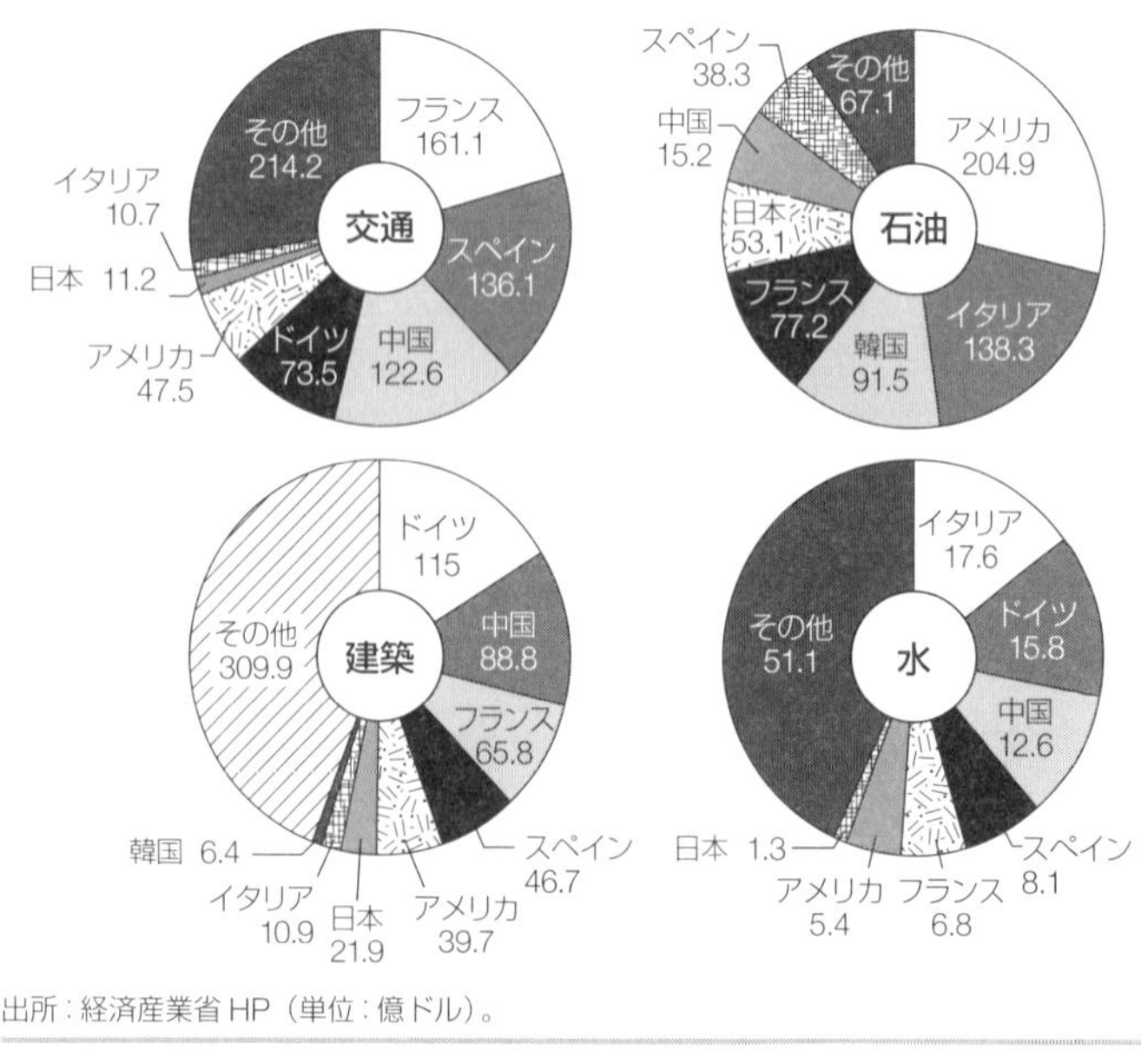

出所：経済産業省 HP（単位：億ドル）。

安心安全・プレミアム価格のジャパンブランドの明暗

一般的に、日本の製品はメイドインジャパンブランドに裏づけされた品質や性能をもち、世界的に優位に立っていると認識されている。免税店ではMade in Japanと銘打って家電製品が多く売られ、日本の製品を買うためにわざわざ来日する外国人が多く見られることからも、日本といえば製造業が強いイメージをもたれていることがわかる。

しかし、こうしたイメージとは裏腹に、ここ数年で日本の製造業の力は弱まりつつある。新興国企業との価格競争や、欧米企業のイノベーション戦略の強さに圧迫されているのである。家庭用電機製品の分野では特に顕著で、前章で見てきたようにサムスンやアップルをはじめとする企業に差をつけられてしまっている。マーケティング関連の有識者へのヒアリングによれば、新興国企業の製品品質が向上しつつあり、海外市場においてかつては人気だったソニー製品よりもサムスン製品が欲しいという人が増えているという。海外市場における、メイドインジャパンのブランド力が海外勢に追いつかれているといってもよいだろう。

なぜこのような状況になってしまったのか

原因の1つは、序章でも触れたが、いわゆる日本企業のガラパゴス化である。スマートフォン普及前の携帯電話は、まさにガラパゴス化の象徴といえよう。日本の携帯電話キャリアが国内向けに通信方式を設定したことにより、他の通信方式を利用している国の企業の進出を阻める一方、日本企業も海外に進出できずに世界の中で孤立（ガラパゴス化）していった。

さらに、日本企業が強みとしていた各種電化製品市場であったが、その品質・機能過剰ゆえの高価な製品は新興国では売れず、新興国企業の安価で必要最低限の機能をもつ製品が売れていったのである。中国・韓国企業は、自国を製品生産拠点としたまま進出してきた日本企業の技術のみを移転し、逆に自国の安い労働力を用いて生産を行うことによりコストダウンに成功した。新興国で求められるのは必要最低限の機能をもつ安価な製品であったため、新たな技術開発を行う必要がなく、何より、いち早くこのことに気づいて素早く戦略を打ち出したことが新興国企業成功の要因といえるだろう。

日本企業が新興国市場に食い込むには、こうした問題を解消していく必要がある。しかし、高い人件費などにより新興国企業と同一の製品を同一の価格で販売しても利益を確保することは困難である。そのため新興国企業が行う販売戦略をそのままマネするのはほぼ不可能であるといえる。

では、アメリカ企業はどうだろうか。アメリカ企業は、新興国との価格競争に走らず、まったく新しいコンセプトを打ち出すことで新たな市場を作り出すという戦略により存在価値を出していく。アップルのｉＰｈｏｎｅはまさに、ユーザーの潜在的需要を引き出すと同時に、スマートフォンという新たな製品市場を作り出した。今まで多くの人が想像しなかっただろう斬新で独特な携帯電話端末を、世界中あらゆるユーザー相手に納得のいく価格で売り出したのである。

アップル製品の成功要因はその「カッコよさ」にあるともいえるが、特に重要な成功要因は、スマートフォンというハードウェアと、さまざまなソフト・サービスを同時に売り出したパッケージ型商品であったことである。各ユーザーは、AppStoreというプラットホームを通じてさまざまなユーザーが開発したさまざまなソフトをダウンロード・インストールすることができ、自分の欲しい機能を好きなときに使用できる自分専用の携帯電話を作ることができる。また、iTunesという音楽用ソフトを通せば自分の好きな音楽を好きなときに安価で手に入れることができる。これらはインターネットの特性を利用したビジネスであり、それまでかかっていた流通コストを減らし、ユーザーにとって満足いく価格での提供が可能となったのである。

今日本の製造業に必要なのは、アップルのように、価格の安さ以外で消費者のニーズを捉える、あるいは引き出す商品販売を行うことである。日本には高い技術力があり、技術の擦り合わせによってさらに技術を進歩させることができるが、残念ながら現代の市場で求められているのはそればかりではない。「高い技術力」のみを押し出しても世界の市場で勝ち残れないのである。こうした反省点から見えてくることは、技術力の過信から見過ごされてきた「売る体制作り」の弱さなのではないだろうか。

日本のインフラ産業の弱点

話をインフラ産業に戻そう。前述のように、日本のインフラ輸出は国際競争の中で弱い立場にある。インフラ輸出が受注を伸ばせていない現状には、メイドインジャパンの凋落とどこか共通する要素が垣間見られる。**図表4-2**を見ると中国や韓国のような新興国の企業が受注高を伸ばしているのに対し、日本は停滞していることがわかる。新興国は低価格を武器に輸出を伸ばし、一方の日本企業は商品を輸出する体制が整えられていないと考えられる。そして、前述のように日本企業は、新興国企業と同じ低価格帯製品の競争に参入することは賢明ではない。

インフラ産業において、日本企業に伏在する弱点であり、日本企業が取り組まなければならないことは、「売る体制作り」である。

具体的な問題点の1つ目は、その業態にあるといえる。日本では、インフラ産業は建設・運営・管理を別々の主体が行っている。例えば水では、建設は民間で運営管理は地方自治体が行っている。鉄道や電力では、建設・運営管理を別々の企業が担っている。そのため新興国のニーズに対し

図表4-2　日韓中の海外インフラ受注実績推移（2005～2010）

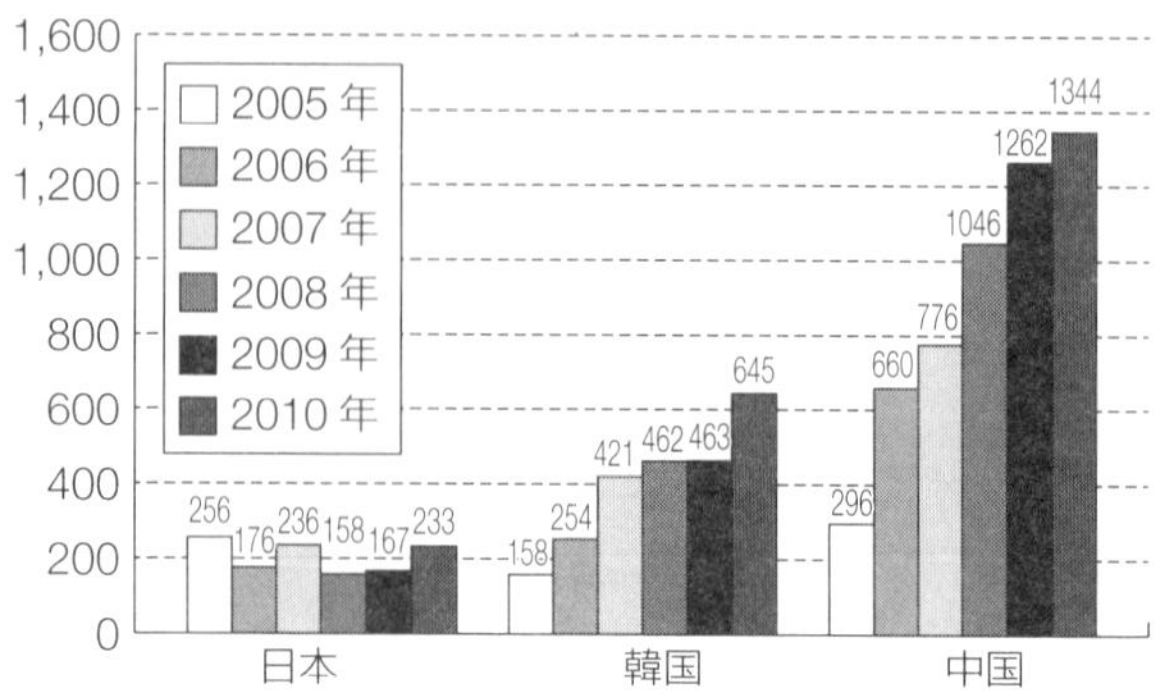

出所：経済産業省HP（単位：億ドル）。

て即座に対応することが難しくなる可能性の高い構造となっている。例えばインフラの整備が遅れている新興国にとっては、関連設備の建設だけではなく、運営管理のノウハウの蓄積もない。そのため、建設から運営・管理まで行うパッケージ型の商品が求められる場合が多い。

例えば水道インフラでは、スエズ（仏）・ヴェオリア（仏）などは元来から建設・運営・管理まで行ってきたため、相手国のニーズにあわせて自国内で蓄積したノウハウを輸出できる。また鉄道では、ビッグスリーと呼ばれるボンバルディア・トランスポーテーション（独）、アルストム（仏）、シーメンス（独）が開発から設計、敷設、運行、保守、点検など鉄道に関する川上から川下までを行える。一方で日本は、水道・鉄道・電力など多くのインフラ産業において、建設と運営・管理が分離され、事業が細分化されている。その日本が海外に進出する場合、相手国のニーズに合わせた事業を展開するのに時間的にもコスト的にも負担が大きくなってしまい、海外企業に後れをとってしまう。

もう1つの問題点は、日本企業の国際標準化活動である。近年重要性が増している国際標準化活動において日本企業が欧州勢に後れをとっている現状と、その根本的原因である日本企業の意識的問題と人材不足については、本章の後半で述べたい。

日本のインフラには、建設においても、運営・管理においても、他国に引けをとらない圧倒的な技術力とノウハウが存在するが、それを海外に輸出する体制が整えられていない。現在弱みとなっている体制面の整備が今後の産業の課題であり、産業高度化の鍵となる。インフラ輸出が脚光を集める今、これまでのモノ売り商売からより多彩で高付加価値な商売に進化し得る重要な転機といえよう。

以下では、水道インフラ・鉄道インフラに焦点を絞り、それぞれの特徴や現状を紹介し、どのような戦略をとるべきかを対比しながら考えていきたい。

2 水道インフラと鉄道インフラ

水道インフラの現況

ひとくちに水道インフラといっても、上水道・下水道・工業用水・農業用水・海水淡水化などさまざまな分野が存在し、それぞれ必要な技術・サービス内容が変わってくるため、ニーズも変化する。例えば上水道は、新興国市場においてはすでに敷設されている水道の管理や運営がメインとなるため、運営管理能力のニーズが高いようである。また下水道は、それほど高い技術を要しない装置が求められているため、コストが決め手となる場合が多い。

市場規模は２００７年で約36兆円であり、２０１０年に行われた経産省の２０２５年市場規模予測によると86・５兆円（うち上水道38・８兆円、下水道35・５兆円、海水淡水化４・４兆円）で巨大な成長市場であることがわかる。同予測を別の視点から見ると、素材・部品供給・コンサル・建設・設計が48・５兆円、管理・運営サービスが38・０兆円で、今まで日本が目を当てていなかった管理・運営が大きな市場となっていることがわかる。水ビジネスも、モノ売りにとどまらずソフト面での需要が大きな産業なのである。

世界の水道インフラ市場を席巻しているのが、フランス企業のヴェオリアとスエズである。ヴェオリア・スエズは19世紀の帝政時代からの企業で、水道事業の計画から敷設、運営管理まですべて請け負っており、水道に関するノウハウは群を抜いているといえる。２００８年の水部門売り上げはヴェオリアが１・６兆円、スエズが１・９兆円であり、水部門売上の多い企業で１０００億円ほどである日本とはかけ離れている。

またシンガポールでは、ハイフラックスという企業に勢いがある。シンガポールでは水不足が問題となっていたが、これをビジネスチャンスと捉えたハイフラックスは海水淡水化事業を強化、シンガポールの水道供給の35％を賄っている。その技術を生かし、同様に水不足が問題となっている北アフリカや中東への進出を急速に拡大してきている。

一方日本では、水道局などの地方公共団体が水道事業の運営・管理を行っており、設計・施工は土木工事業者やメーカー、エンジニアリング会社に発注を行うという形が主流である。２００1年の水道法改正以降、水道事業の民間委託が可能になり、事業の一部を民間に委託する例も出てきたが、大規模な委託を行った例はなく、現在も大部分は地方公共団体が運営・管理を行っている。また民間部門は、それぞれのメーカーがそれぞれの素材や部品を供給しており、細分化されている。日本の場合、水道事業も国内にのみ目を向けていたため海外に輸出するための体制が整っているとはいえない。

だが日本の水道にも世界で通用するような強みがある。それは上水道漏水率で、水道管からの水道漏れの割合である。メキシコ市で約35％、ロンドンで約26％、モスクワ、マドリードで約10％で、世界の大都市の平均は10％である中、東京都は３・６％と格段に低い数字を出している。これは地面におかれたセンサーが音を聞き分けて漏水個所を発見するという職人技的な技術で、地道な点検を行った結果だという。

また最近では、ＩＴ技術を利用して水道の運営管理を行う、スマートグリッドのシステムを水に適応するという事業が注目を集めている。東京都は、２０１３年に水道スマートメーターの開発に取り組むと発表した。日本はＩＴ技術に比較優位があるため、実現すれば運営管理における大きな強みとなるといえよう。

日本の水道事業の海外展開について、現在海水淡水化事業の分野では日本が強みを発揮している。海水淡水化の分野は、現在脚光を浴びている分野の1つである。海水をＲＯ膜と呼ばれる特殊な膜（逆浸透膜）でろ過して淡水を得るという技術で、水不足が深刻化している中東地域を中心にニーズが高まっている。海水淡水化に使われるRO膜の世界シェアのうち60％を日本製品が占めている。いわゆる日本の技術力によって作られた良質な膜が売れているのである。

しかしこれも時間の問題であると思われる。中国や韓国企業がこの分野に進出し、安価な膜を生産し始めたため、価格競争に陥り膜がコモディティ化する可能性が高いのである。中国・天津工業大学の水浄化膜研究から発した天津膜天膜（モティモ）は、1998年に独立、2005年より海外展開をスタートした。同レベルの製品なら、海外製品に比べ半額程度で提供でき、さらに大学発の企業であるため研究開発の蓄積は長く、技術力も高水準にあり品質は遜色ないという。

一方で商社の動きが目覚ましい。三菱商事は、2010年に産業革新機構、日揮と共同でオーストラリアの水道会社を約200億円で買収し、海外での水道事業を行っている。

また丸紅はチリで上下水道のコンセッション事業を行っている。伊藤忠商事は、2012年にイギリスのブリストル・ウォーターに20％出資し、日本企業で初めて英国水道事業に進出した。

こうした商社の動きは、海外における水道事業運営のノウハウの蓄積につながるため、今後さらなる展開が期待される。

また三菱商事がオーストラリアで買収した水道会社に対し、東京都水道局がコンサルティングを行っていたり、北九州市水道局がメタウォーターと提携してカンボジアやベトナムで水道管理事業の受注を行うなど、自治体の海外水道事業の参画も始まっている。

鉄道インフラの現況

新興国における深刻な交通渋滞や大気汚染問題に対応する解決策として、鉄道のニーズが高まっている。**図表4－3**に示した市場規模予測は、２０２０年で22兆円（鉄道種類別：都市鉄道約20・４兆円、高速鉄道約１・６兆円。部門別：保守等約９・３兆円、車輌等約６・６兆円、軌道等約４・３兆円、信号・制御約１・９兆円）という予測である。前述の水インフラに比べて市場規模は小さいが、鉄道は広く一般大衆の目が当たりやすいインフラであるため、国や企業の威信にも影響するという特徴がある。

鉄道インフラの中で、現在最も注目を集めやすいのは高速鉄道である。高速鉄道は市場規模がそれほど大きくない一方で、国のもつ技術を最大限に生かして敷設される鉄道であるため、国・企業の威信に最も影響しやすい。

日本が初めて高速鉄道の海外案件受注に成功したのが２００７年に運行を開始した台湾である。しかしこれは車輌納品のみにとどまったため、結局はモノ売りビジネスであった。

またベトナムでは、ハノイ－ホーチミン間南北高速鉄道計画が進んでおり、２０２０年までの開業を目指している。受注高は5兆円ほどにもなるという。

中国は２０１１年、ＪＲ東海、川崎重工業を含む先進国数カ国の企業から供与された技術を独自に国際特許申請し、批判を浴びた。中国が独自に敷設した寧波・温州南間高速鉄道（甬台温線）で、２０１１年

7月24日に脱線事故が発生し40人の死者と192人の負傷者が発生した。これ以降、国際的に現在安全面に対する配慮が大きくなっている風潮にある。

中国は批判を浴びながらも高速鉄道の敷設を行ったが、逆にいえばそれほどまでに高速鉄道は中国にとって国の威信を示すための強力な道具であったといえる。また日本の鉄道技術は何十年もかけて蓄積された努力の結晶であり、技術供与の必要性についての議論を呼んだ。今後技術供与を行うときは、技術供与を行うことで発生するリスクと得られる市場の大きさを比較し、本当に技術供与してまで市場を獲得すべきなのかを考えるべきである。もしくは、核心となる技術を除いた最低限の技術だけを供与し市場をうまく獲得できる戦略をとっていくべきではないだろうか。

一方で、鉄道インフラ市場規模の中で最も大きな割合を占めるのが都市鉄道である。具体的には、地下鉄やMRT（Mass Rapid Transit）、LRT（Light Rail Transit）、モノレール等の新交通システムのことを指す。この分野は、やはりアジア諸国（2020年市場規模6兆円強）や南米諸国において需要が大きい。また同時に先進国（同・西欧5・6兆円、

図表4-3　鉄道ビジネス2020年市場規模（単位：兆円）

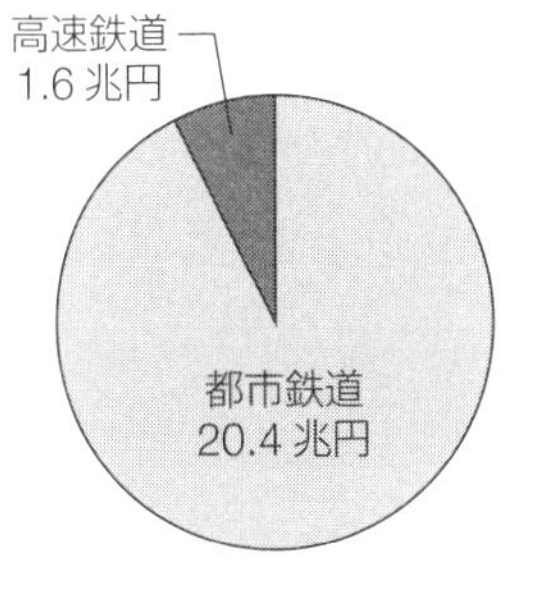

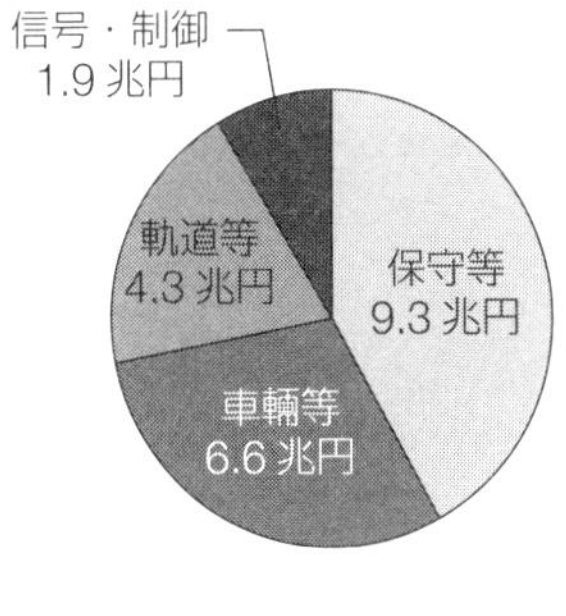

出所：経済産業省HP（単位：兆円）。

北米3・4兆円）においても、車輛の置き換え等の需要が高く、市場規模は大きい（しかしボンバルディア・トランスポーテーション、アルストム、シーメンスのビッグスリーが市場の6割を獲得しており、進出の難しい市場となっている）。

車輛製造に関して、ビッグスリーの他には韓国の現代ロテムや、中国の北車グループ、南車グループなど新興国企業が競合している。特に中国北車は、2011年に軌道交通設備メーカーの売上世界ランキングでシーメンスを抑えトップに立った。他方日本の車輛メーカーは日立製作所、川崎重工業、日本車輛製造が代表的であり、安全性・省エネ性・品質など技術面では世界トップクラスであるが、海外輸出は1000億円にとどまり、世界の中のシェアは10％程度にとどまる。またビッグスリーや中国・韓国企業に比べ、海外の製造拠点が少なく、コスト削減が難しくなっている。

しかし大型案件を受注した例もある。日立製作所は、2005年にドーバー海峡連絡線の車輛174両と保守事業を計画通りに受注し、評価を高めた。その後2009年には、イギリスにてボンバルディアとシーメンスのコンソーシアムを破って「都市間高速車輛鉄道置き換え計画」の受注に成功し、約500両の車両を納入する計画となっている。

日本の鉄道には、車輛メーカー以外にもさまざまなメーカーが関連する。新日鐵住金の車輪、三菱電機の空調システム・乗客情報提供システム、東芝の車輛モーター、東洋電機製造のパンタグラフ・制御システム、KYBのダンパー、五光製作所の新幹線用トイレ、ナブテスコのドア開閉システムなどである。これらの1つひとつは世界の中でもトップクラスの技術をもっているが、国内市場が縮小すると見込まれる現在においては、海外輸出が避けられない状態といえる。

鉄道インフラもモノ売りビジネスからシステム・サービスパッケージ型ビジネスへの転換が迫られている分野である。そこでは、鉄道コンサルティング会社の存在が重要となるといえよう。

鉄道コンサルティング会社は、マスタープランの作成から設計・開発・ファイナンス・オペレーション・メンテナンスまで鉄道に関するトータルコーディネートを行う会社のことである。日本ではJR各社の中にコンサルティング部門が存在し、海外においてはシストラ（仏）、DBインターナショナル（独）がそれにあたる。海外向けのノウハウを持ち合わせていなかった日本だが、2011年11月にJR東日本、JR西日本を中心とするJR各社や東京地下鉄、その他私鉄が出資し、日本コンサルタンツという海外向け鉄道コンサルティング会社が設立された。2012年にはインド、インドネシア、ベトナム3カ国4案件について、同社によるフィージビリティ調査が開始され、2013年4月現在30件以上の海外案件調査を行っているという。

また鉄道に限らず、鉄道以外のさまざまな要素をパッケージ化して輸出する施策も考えられる。インドの「デリー・ムンバイ間産業大動脈構想」では、鉄道のみならず周辺に工業団地、物流基地、発電所、道路、港湾、住居、商業施設など周辺全体を開発する事業が近年日印協働で進められている。これには、さまざまなモノをパッケージ化して付加価値をつけるという意味以上に、敷設する鉄道の安定的な収入を得られるというメリットが存在する。

２０１３年12月に、前述の日本コンサルタンツがデリー・ムンバイ間産業大動脈構想の一部であるムンバイ・アーメダバード間高速鉄道事業化調査を落札した。事業化が決定すれば、日本企業が事業を受け持つ可能性が高くなり、今後の動向に期待がもてる。

3 さらなる海外進出のために

水ビジネス

水ビジネスは、大きく分類して敷設・部品等、エンジニアリング、オペレーション、メンテナンスの４つに分類される。このうち敷設・部品においては、膜であれば東レ・日東電工・東洋紡、ポンプであれば西島・荏原などがあり、エンジニアリングにおいては日揮や千代田化工建設などがある。一方でオペレーション・メンテナンスにおいては各自治体から受注委託を受ける場合が多く、民間企業中心の事業ではない。そのため、今すぐにハードとソフトをパッケージ化して輸出することは不可能である。

そこで、今は各方面で可能なかぎり日本企業が入りこめるよう、ノウハウや技術をもった企業や団体がそれぞれその特性を発揮していくと同時に、現地の企業とも協力しながら事業を進めていく、ジャパン・イニシアチブという戦略をとる必要がある。

世界の水ビジネスの中に先陣を切って入りこんでいるのが総合商社だろう。現在総合商社のビジネスは、水道事業会社を買収または出資して経営権を握ることで利益を得るビジネスであり、これ自体はインフラ輸出とはいえない。しかし、このビジネスを積み重ねることで海外における水道事業運営管理のノウハウが蓄積され、水ビジネスにおける日本の実績となる。入札の際に実績が重視される水ビジネス世界では、商社のビジネスが今後のインフラ輸出につながると思われる。その意味でも、総合商社は、今後も水ビジネスにおいて日本と海外をつなぐパイプ役となる必要がある。日本の製品や技術、運営管理のノウハウを海外に持ち込むことで、使用料などの利益につながる可能性もあるだろう。そして、後述するが最終的には、日本の水道関連事業者を取りまとめ、日本の水道インフラ輸出を行う中心となるべきである。

また部品等のメーカーについては、今のところ技術力や品質・性能に関しては世界トップに立っているが、やはりコスト面での問題がある。品質・性能を落とさずにコストを抑えられるような研究開発を進め、イノベーションを生み出し中国・韓国企業に対抗してもらいたい。そして日本の水道事業を受け持つ地方公共団体は、今後運営管理ノウハウを輸出するために技術供与の窓口を設ける必要があるだろう。水道運営管理事業は前述のとおり市場規模も大きく、また日本の水ビジネスを単なるモノ売りビジネスから転換し得る重要なポイントになると考えられる。

これらは、近年よくいわれる官民連携（ＰＰＰ）の一種である。経済産業省によれば、ＰＰＰとは、Public Private Partnershipの略であり、公共サービスの提供に民間が参画する手法を手広く捉えた概念で、民間資本や民間ノウハウを活用し、効率化や公共サービスの向上を目指すものである。このことは簡単に成せる事業ではないかもしれない。しかし、水ビジネスに限らず、日本が世界の中で勝ち残れるためには避けては通れない道である。民は、少しずつ国内志向から海外志向へと移りつつあるが、官にも民並みの活力を発揮するよう努めるべきである。

そして運営管理に関しては、前述の水道スマートメーターをできるだけ早く実現させ、輸出することはできないだろうか。漏水を自動検出したり、水道の供給を使用量によって操作したり、運営管理を効率化し節水を図りコストを抑えることができ、さらなる日本の強みになるであろう。

最終的には、商社等の海外進出に先んじている企業が中心となり、部品・設備メーカーや地方公共団体が一体となりインフラ輸出を行えるのが理想である。しかしそれまでの道のりは険しい。今のところは、各方面が可能なかぎり海外案件に入り込めるような戦略をとるべきであるといえる。

鉄道ビジネス

鉄道ビジネスは、簡単に分類すると車輌・路線・電線等、システム、保守点検、サービスに分けられる。車輌・路線・電線等は先述した各種メーカー、システムは三菱電機や日立製作所、保守点検・サービスはJR各社が受け持っており、企業連合を組めばオール・ジャパン体制が敷ける業態となっている。しかし、これまでメーカーを除いて海外に目を向けたビジネスを本格的に行ってきたわけではなく、現時点においてこうした体制が整えられているわけではない。

海外展開に必要な体制を敷くために、ここでも海外の経験が豊富な商社や、鉄道輸出の胴元となる鉄道コンサルティング会社の主導が鍵となるといえる。

また各メーカー・事業者が海外に目を向けた事業部を発足させ、メーカー・事業者同士でアライアンスを組むまたは新企業を発足する必要があると考える。例えば車両について、日本の車両はオーダーメイドで作られているのに対し、海外の車両は汎用品での販売で、展示会が開けるようになっている。また衝突基準について、日本は自動停止装置が効率的に作用するために基準が緩いが、海外の標準で考えると衝突基準は厳しくなる。このように、現在の日本の鉄道ビジネスをそのまま輸出するのでは、ニーズに合わない部分が多く発生する可能性が高い。そして日本の鉄道は事業が細分化されているため、相手国のニーズに合わせるために企業間の調整などに時間をとられてしまう。本当に海外に目を向けるならば、海外向けの事業を行う企業連合を発足させ、あらゆるニーズに即座に対応できるようにすべきである。また部品から保守サービスまで幅広くカバーする業態をとることで、リスクの分散が可能となる。何か1つの事業で失敗してしまっても、他の事業で利益を出せていれば被害は大きくならずに済む。

これは同時にトップ外交をやりやすくする施策である。トップ外交とは、その国の政治的リーダーが自ら他国へと赴き営業を行うことであるが、インフラ輸出においては、国家を相手にするビジネスであるためトップ外交が重要視される。その際、事業者が細分化されているとトップ外交が難しくなる。事業者が一本化されていると、1つの事業者だけを推薦することができるため、より強力なトップ外交が可能になると考えれる。

水・鉄道の比較

ここまで述べてきた水ビジネスと鉄道ビジネスについて比較して見ていきたい。両者の共通点は、①初期投資が大きく、経済状況・政情によって収益が左右されるリスクの高いビジネスであり、②収益性は高くないが長期的に安定した利益が得られる可能性が高いビジネスである、という2点があげられる。

一方で、相違点もいくつか存在する。まず1つ目に、その業態にあるといえる。どちらも事業が細分化されていることに変わりはないが、水ビジネスは民間企業と行政機関の両者が関わり合ったビジネスで、鉄道は民間企業だけで成り立っているビジネスである。

海外には、水・鉄道それぞれの分野をけん引する巨大な企業が存在する。日本がそれらに対抗するには、商社のような日本の海外事業を代表する企業や政府が、日本の企業や行政機関を取りまとめ、総力をあげなければならず、特に水ビジネスには時間と労力が必要とされる。

2つ目には、水ビジネスはコストが重視されるのに対し、鉄道ビジネスは安全性などの性能が求められている、という違いである。この点に関しては、コスト競争力よりも技術力が強く求められる鉄道分野において、日本が強い存在感を発揮できる可能性が高いといえる。

3つ目としては、戦略の違いがあげられる。前述のとおり、水ビジネスは当面は各方面で日本のプレゼンスを少しでも多く発揮できるよう、ジャパン・イニシアチブという戦略をとる必要がある。すなわち、オール・ジャパンの日本連合だけではなく海外企業も取り込んでコスト競争力を高める戦略である。また国境を超え他国の企業とアライアンスを組むため、より顧客のニーズに合わせた商品を提供できる可能性が高くなるだろう。近年、商社等が現地企業を買収し運営管理の利益を上げつつ現地のノウハウを吸収する例や、水道局等の自治体が海外水道事業に参画する例が増えてきており、今後日本が海外インフラ・プロジェクトを主導するための第一歩であるといえよう。

一方で、鉄道はすべての事業者が民間企業であり、水ビジネスに比べて連合体を作りやすいということ、安全性・効率的な運営システムなど日本のもつ高い技術が求められている分野であるということから、日本企業が総出で進出するオール・ジャパンという戦略で他国に対抗していくべきである。2013年11月に、丸紅、東芝、ＪＲ東日本がバンコク都市鉄道の軌道敷設・駅舎設置・車輌・信号・運行監視・変電設備・通信設備など、敷設からメンテナンスまでのパッケージ型の受注を行った。オール・ジャパンの企業連合の好例といえよう。もちろん、企業連合に限らず、官民連携もオール・ジャパンに含まれる。インフラ輸出にはトップ外交が重要であると述べたが、国家的プロジェクトであるということと同時に相手国と密接な関係を築くことで、より相手国のニーズに応えられる商品を提供するためである。また巨大プロジェクトとなるため、国際協力機構（ＪＩＣＡ）、国際協力銀行（ＪＢＩＣ）、日本政策投資銀行（ＤＢＪ）、日本貿易保険（ＮＥＸＩ）などの機関より、民間だけでは賄えない資金面の官による手厚いサポートが必要となる。政治・公的資金・民間企業が一体となって海外に進出していくことが目指される。

4 インフラ輸出と国際標準化活動

ここまでは日本の産業構造がインフラ輸出の障壁となっていることを示した。本節ではもう1つの伏在する弱点である「国際標準化」を取り上げ、国際標準化の重要性と日本企業が認識すべき課題について論じていく。

国際標準化とは

日本規格協会によれば「標準」とは「ルールや規則・規制などの〝取り決め〟」のことをいい、「標準化」とは「〝標準〟を意識的に作って利用する活動」のことをいう。標準化の本来の意義は、製品の互換性確保や生産効率の向上、製品の適切な品質確保などであったが、近年では欧州を中心に企業の産業競争力強化に利用されている。

標準には適応範囲により違いがあり、以下に一般的な分類を記す。

1. 社内標準：公的な標準と関係なく企業で独自に定めた標準。企業内マニュアル等がこれにあたる。
2. 業界標準：業界団体が参加企業の製品に適用するための標準。業界独自で企業間の仕様統一による互換性や安全性を確保のために制定している。
3. 国家標準：国が国内製品の品質や性能を確保する目的で法律に基づいて制定した標準。日本ではＪＩＳ規格（日本工業規格）がこれに相当する。
4. 地域標準：欧州など複数国に跨る地域の標準。標準作成組織として欧州標準化委員会（ＣＥＮ）、欧州電気標準化委員会（ＣＥＮＥＬＥＣ）などがある。
5. 国際標準：世界標準で国際的な機関（ＩＳＯやＩＥＣ等）によってされた正式に承認されたデ

ジュール標準と実質上普及しているデファクト標準があるが、本書ではデジュール標準を「標準」として扱う

3大国際標準化機関（ISO、IEC、ITU）

ここで、ISO、IEC、ITUの3つの機関について簡単に説明しておきたい。

ISO（国際標準化機構）は「電気、通信を除く全分野」、IEC（国際電気標準会議）は「電気技術分野」、ITU（国際電気通信連合）は「通信分野」をそれぞれ対象としている。本部はすべてスイスのジュネーブにあるが、ISOとIECがスイス法に基づく民間の非営利組織であるのに対し、ITUは国際連合の専門機関である。国際標準化機関における審議は透明性（Transparent）、開放性（Openness）、公平性（Fairness）を基本としているが、実際の標準化活動はこのとおりではなく、多くのロビー活動・根回しが行われている。

国際標準化の重要性の高まり

近年、最も適用範囲の大きい「国際標準」の重要性が高まっている。その要因として、1995年に発行された世界貿易機構（WTO）のTBT協定と翌1996年のGP協定があげられる。WTO／TBT協定とは強制規格や適合性評価手続きの際、原則としてISOやIEC等の国際規格を基礎とすることを

義務づける協定であり、これにより国際標準に合致しない製品の輸出が困難になった。この協定により輸出差し止めになった事例として、2001年の二層式自動洗濯機があげられる。アジアで普及していた二層式自動洗濯機の二重ぶた構造はJIS規格には合致していたが、IEC規格ではなかった。また、WTO/GP協定により政府関連機関の調達にも国際標準に準拠した製品の優先調達が義務づけられた。JR東日本がソニーのフェリカ方式ICカードを調達した際、この協定に基づき米モトローラ社は異議申し立てを行った（2000年）。最終的にはフェリカが別の国際標準規格を獲得し異議は却下されたが、国内調達さえも国際標準に合わせなくてはならなくなったことを表している。中国のWTO加盟（2001年）も後押しして、この2つの協定が及ぼす影響力は強まっている。

その他、情報通信技術がもたらす市場の一体化、環境問題などのグローバルな課題の出現などの要因もあり、国際標準の重要性は増大している。

5 国際標準化を主導する欧州、後れをとる日本

標準化は主に欧州で活発に推進されてきた。1つの大陸に多くの国が存在しているため、電気や通信、水道などを各国共通の規格で統一する必要があった。それに対し一国で広大な面積をもつアメリカや島国である日本では、国家標準は必要であっても、国際標準の必要性は認識されてこなかった。特に日本企業は高い技術力を武器に多くの領域でデファクト標準を勝ち取ってきた経緯があり、ISOやIECで作成される標準化活動に消極的であった。しかし欧州勢はそんな日本企業を「国際標準」というルールで縛り、「技術」から「政治」の戦いへとシフトさせようとしている。純粋な技術力の勝負ならば勝ち目がある日本も、標準化活動では欧州に大きく後れをとっている。国際標準化活動で欧州が有利な要因がいくつかある。

①ノウハウの蓄積

欧州市場統合のためさまざまな標準の統一に20世紀初頭から取り組んでおり、多国間の標準化交渉にお

けるノウハウが蓄積されている。

②国際標準化機関と欧州域内標準化機関の強い連携

ＩＳＯ、ＩＥＣでは参加国の既存国家規格を国際規格として提案できるＦＴＰ制度（ファストトラック）があり、審議プロセスの簡略化が可能である。この制度を活用して多くの域内国家規格を国際的なＩＳＯ／ＩＥＣ規格に格上げしている。

③1国1票制度

標準化機関は1国1票制度を導入しており、欧州は票数の多さによる強みがある。

欧州各国はこれらの優位を活かしながら、自国に都合のよい市場環境を作り出している。以下、鉄道を例にあげて説明する。欧州では域内市場の統合を目指し、国境を跨いだ鉄道運行を始めた。鉄道市場が多国間に広がる中で、欧州共通の規格が必要とされるようになり、その策定に努めた。さらに欧州はそれらの鉄道規格をそのまま国際標準機関で国際標準化していった。他方、島国である日本では、自国の鉄道技術を国家標準である日本工業規格（ＪＩＳ）にさえ標準化してこなかった。このため、国際的に認められた標準規格に合致した製品を求める新興国へ鉄道インフラを売り出す際に、ＪＩＳによって規格化されていない日本製品はハンデを背負うことになった。また仮にＪＩＳ規格化されていても、その記述が日本語しか用意されておらず、国際入札で不利になっている。このような状況下で、台湾に新幹線を売り込もうとした日本企業は欧州勢のネガティブキャンペーンに苦しんだ。欧州勢は「日本工業規格（ＪＩＳ）は世界で孤立した基準である」と吹き込んで回り、最終的に日本メーカーは鉄道分野の国際標準であるＲＡＭＳ規格（元々は欧州規格）によって新幹線の安全性を論理的に立証することが求められた。その立証のためにはさまざまなデータを一から揃えなければならず、開業遅延の一因となった。このように、日本の標準化への無関心や孤立した標準がインフラ輸出の妨げになることが多い。

図表4-4　各国のISO・IEC国際幹事引き受け数

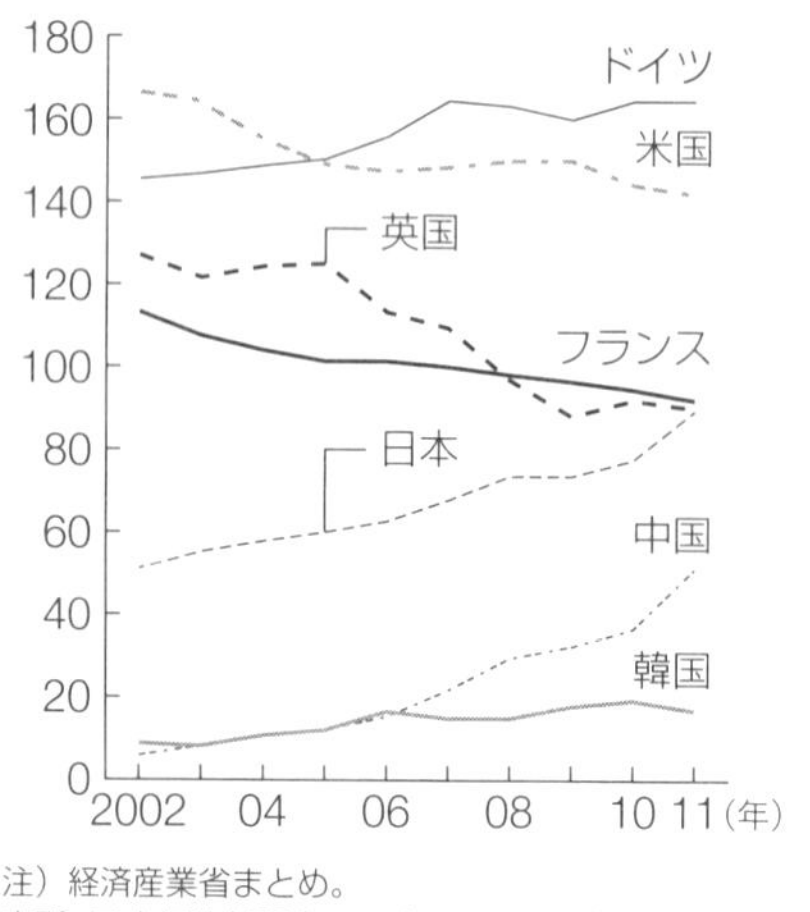

注）経済産業省まとめ。
出所：日本経済新聞（2013年5月17日）。

日本の取り組み

国際標準化が新たな戦略的ツールとして重要になる現状を受け、欧州に遅れつつ日本でも政府主導により国際標準化を推進する動きが始まっている。２００７年に日本工業標準調査会（ＪＩＳＣ）が策定した

「国際標準化アクションプラン」では「企業経営者等の意識改革」、「国際標準の提案に向けた重点的な支援強化」、「世界で通用する標準専門家の育成」、「アジア太平洋地域等における連携強化」、「諸外国の独自標準と技術規制の制定への対応」を取り組み方針としてあげている。経済産業省は国際標準化戦略目標とし

図表 4-5　ISO・IEC への提案件数推移（3カ年平均の推移）

	ISO・IEC（日本計）	ISO・IEC（総数計）	割合（%）
2001～2003	63	1557	4.0
2002～2004	71	1559	4.6
2003～2005	86	1587	5.4
2004～2006	94	1450	6.5
2005～2007	96	1413	6.8
2006～2008	102	1472	6.9
2007～2009	112	1557	7.2
2008～2010	125	1636	7.6

出所：経済産業省　資料。

図表 4-6　トップスタンダード制度

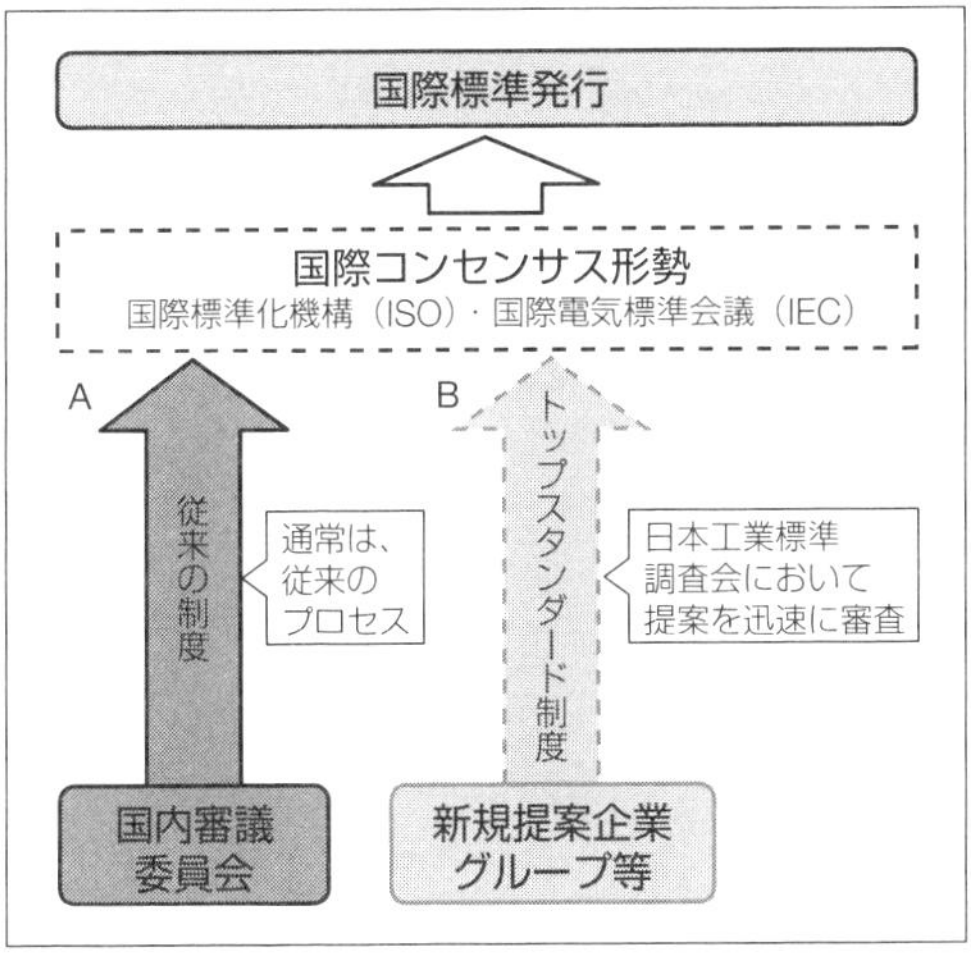

出所：経済産業省関東経済産業局「我が国の標準化と国際戦略」。

て「欧米並の幹事国引受数の実現」と「国際標準の提案件数の倍増」を掲げ、欧米並みとはいえないまでも一定の成果を得ている（**図表4－4、図表4－5**）。

また、2012年より経済産業省が主導する「トップスタンダード制度」は従来からの課題であった国内のコンセンサス形成コストを軽減し迅速な標準化提案ができる環境を整備した（**図表4－6**）。

社会インフラの分野でも新たな取り組みが始まっている。2012年9月6日、独立行政法人交通安全環境研究所（NTSEL）がわが国初の鉄道分野における国際規格の認証機関として認定を受けた。国際的な認知度はまだ低いが、基準・認証制度が未整備の日本にとって大きな前進である。また、工学院大学の曽根悟客員教授は鉄道分野で「東アジア標準規格」を作ることを提案している。政府もアジア諸国との連携を強化し、ISOやIECでの仲間づくりを始めている。

日本企業の課題

しかしながら、日本企業の国際標準化に対する認識は未だ十分ではない。東芝中国の研究開発長は「国際標準化の重要性の認識が日本ではまだ甘いことが（国際標準化活動で他の先進国に後れをとっている）最大の原因と思われる」と指摘する。先ほど触れた「トップスタンダード制度」では主に国内調整の煩雑さ解消等の構造的問題に着手しているが、実際には日本企業の意識的問題がクリティカルな課題として存在している。

総務省は企業を中心に国際標準化に関するアンケート・ヒアリングを行った（調査委託請負先：株式会社三菱総合研究所、実施期間：2012年1月〜2月）。本調査により、国際標準化における日本企業が抱える課題が浮き彫りとなった。

「標準化活動の狙い」（**図表4-7**）では、「市場自体の拡大」「自社技術・仕様の普及」が45・0％、30・5％である一方、「相互接続性の確保」「標準化動向の収集」なども54・3％、41・1％と多く、「標準化活動の評価基準」（**図表4-8**）では「業界コンセンサスづくり」（44・4％）「関連情報収集」（43・0％）等の評価が、「自社に有利な標準の策定」

図表4-7　標準化活動の狙い

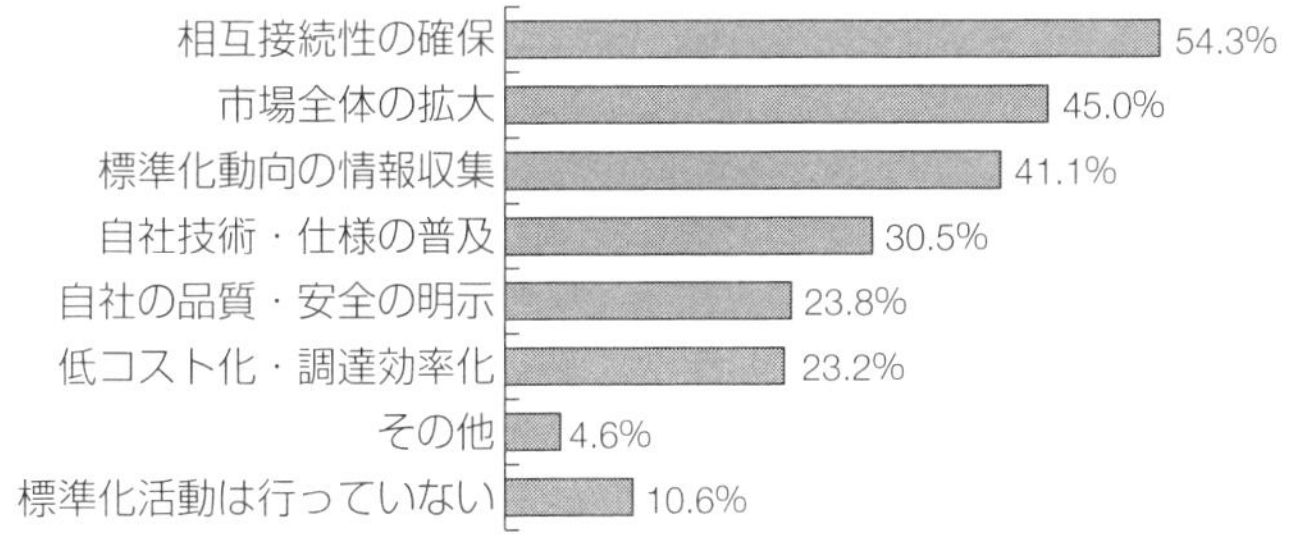

出所：総務省「国際標準化活動に関するアンケート・ヒアリング調査結果」。

図表4-8　標準化活動の評価基準

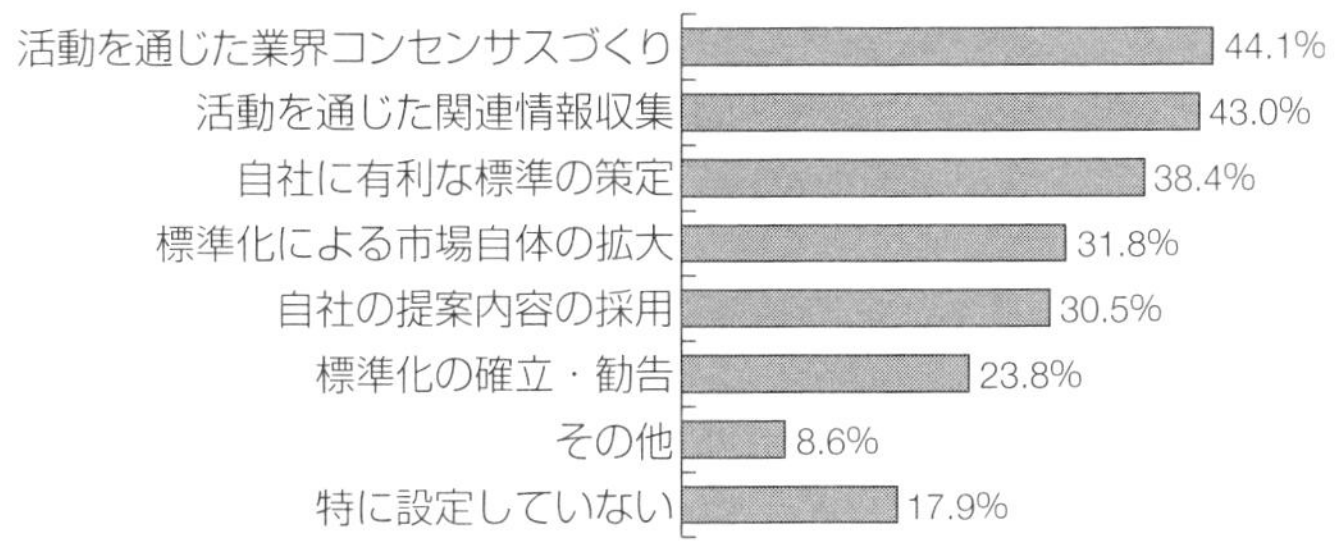

出所：総務省「国際標準化活動に関するアンケート・ヒアリング調査結果」。

（38・4％）「市場自体の拡大」（31・8％）「自社の提案内容の採用」（30・5％）等の戦略的・野心的な評価項目に比べ高い傾向で、標準化に対して消極的な姿勢が見られる。多くの欧米企業は標準化専門部署を戦略的に重要なポストと位置づけ、長期的視点で優秀な人材を育成・確保している。標準化計画も明確で、国際標準を自社のビジネスと関連づけて知財戦略・研究開発戦略と一体的な戦略を策定している。それに対し日本企業内では、国際標準化担当者の業務評価は総じて低く、退職間際の仕事だと理解されている節がある。活動も情報収集が中心のケースが多く、活動自体が目的化している傾向がある。

国際会議にはどのような人が出席しているかというと（**図表4-9**）、日本企業は半数以上が技術開発者であるが、技術者は「技術スペックのみに拘ってしまう」「ユーザーの使い勝手など市場拡大の議論に参加できにくい」（経営コンサルタント等）といった理由で交渉が不利になることが多い。未だ日本企業内には「技術力の過信」が存在し、国際標準が重要な時代に対応できていないことが窺える。国際会議では技術的な優劣だけではなく（逆に最先端の技術で特定の企業にしか扱えないものは標準から排除される）、市場拡大の可能性等総合的観点が必要になる。また、当然ではあるが、「自社技術が国際標準になったから自社が優位にな

図表4-9　標準化会議等の参加実態

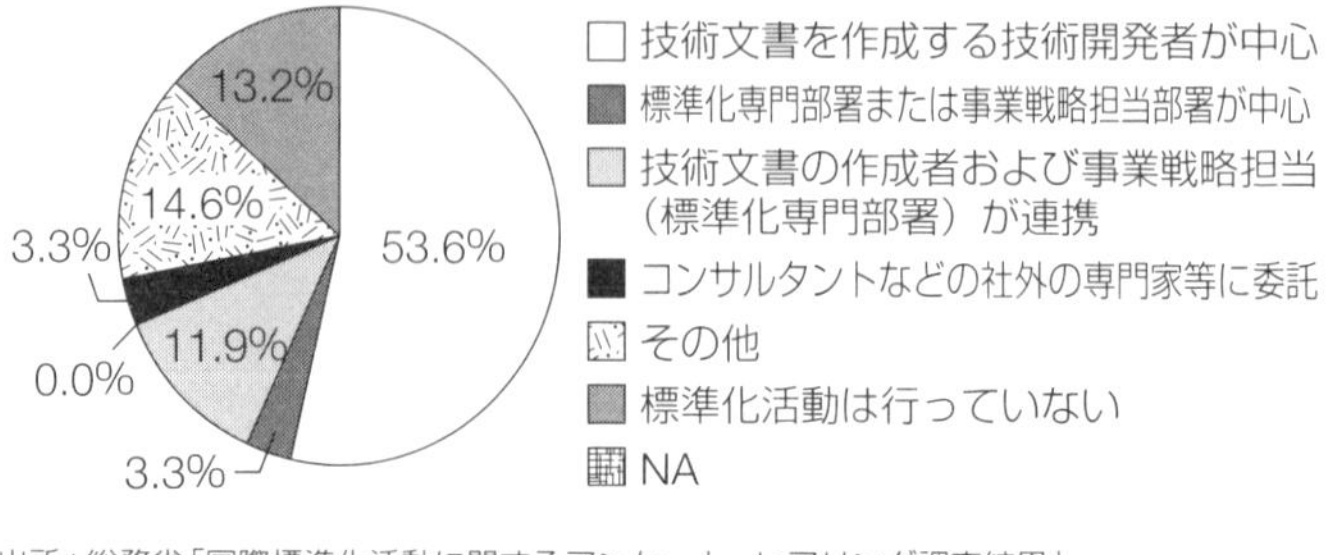

出所：総務省「国際標準化活動に関するアンケート・ヒアリング調査結果」。

る」という単純な話ではない。１９９０年代中ごろに登場したＤＶＤは当初日本企業が圧倒的なシェアをもち、国際標準化も日本が主導した。しかし、技術者は自分が開発した技術を国際標準とすることに重点をおき、収益は二の次におかれた。これにより、技術情報のオープン化・マニュアル化が進み日本企業の強みであった摺り合せ技術の領域が標準化された。これが安価な製品の市場流入を招き、全体の市場規模は大きくなったが日本をはじめとする先進国の市場規模は大きく落ち込んだ。日本企業は国際標準化に対する重要性を認識するとともに、どの領域を標準化しどの領域を標準化しないかについて戦略的に考える必要がある。

重要性の認識不足とも関連するが標準化人材の不足も深刻な問題である。先ほど触れたように標準化人材はエンジニア能力に加え適切に技術をマネジメントする能力が必要になる。「標準化人材の課題」（**図表４-10**）でも「標準化活動と商品、知財戦略を結びつける人材の不足」「標準化戦略の立案人材の不足」があげられている。現在の日本には技術的な知識に明るい人材はいても、それを標準化ビジネスとして捉え、自社が有利になるように英語で交渉・折衝できる人材はほとんどいない。

図表 4-10　標準化人材の課題

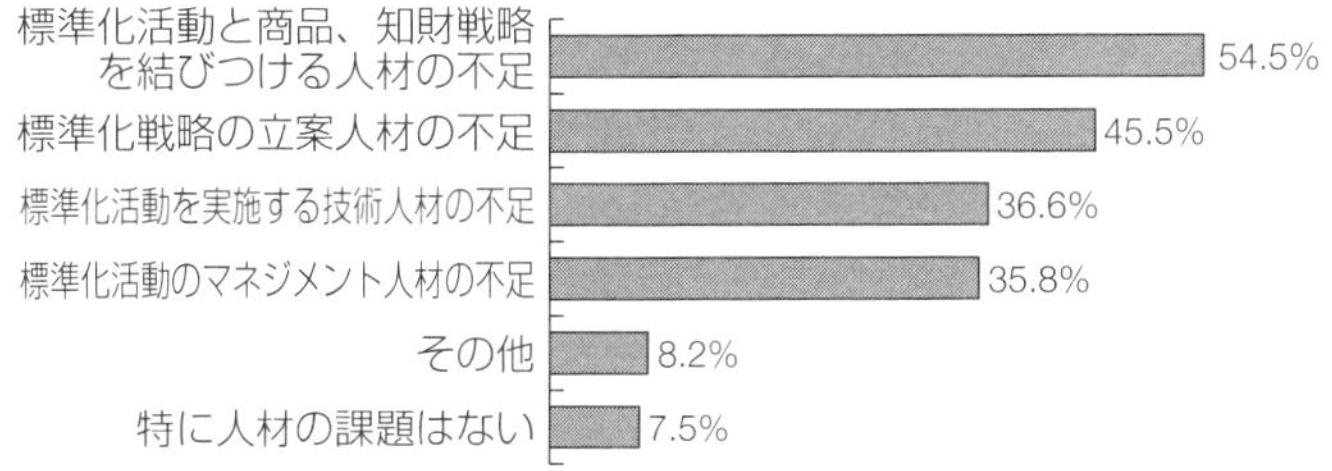

出所：総務省「国際標準化活動に関するアンケート・ヒアリング調査結果」。

6 日本企業の意識改革・人材育成のために

日本企業の経営者は国際標準の重要性を強く認識し、自社利益をもたらす重要なビジネス戦略の1つとして捉えなければならない。企業は標準化担当部署を会社の重要な戦略ポストに位置づけ、社内のモチベーションを高める必要がある。また、評価基準も「自社に有利な標準の策定」に高い評価を与えるべきである（もちろんそのために、明確な標準化計画の策定が不可欠である）。また、政府は現在行っている「企業経営層・団体との直接対話」や「懇談会・シンポジウム等の開催」をいっそう充実させる必要がある。

しかし、実際に標準化を遂行できる人材が企業内に不在であるならば、経営トップが明確な標準化計画を策定したとしてもそれは絵に描いた餅である。そのため、企業は有能な標準化人材の確保・育成に努めなければならない。前述した2つの視点―エンジニアにも引けをとらない知識を有する「技術的視点」と適切に技術をマネジメントできる「ビジネス的視点」―に加えてもう1つ、標準化担当者がもつべき重要な視点がある。それは「政治的視点」である。

標準化活動はＩＳＯ会議だけで行われているのではなく、標準化担当者とのコネクション作りや積極的なロビー活動も重要な要素となる。「標準化活動はオープンかつ公平なプロセスで進められるもの」であると認識している人がいるがそれは大きな誤りである。実際は表に出ない所で多くの根回し的活動が行われており、前述したソニーのフェリカ方式ＩＣカードの国際標準化では非常に激しい政治的駆け引きが存在していた。

初めにフェリカが標準化を目指した委員会では別の規格を推す欧米勢の審議妨害（さらにロビー活動も妨害）により標準化が達成できず、別の委員会に戦いの場を移した。そこでソニーは前の委員会で敵であった欧州企業と手を組み、日本vs欧米の図式を日欧vs米国へとシフトさせ、力関係を逆転させた。さらにソニーは仲間作りのため、フランス銀行協会、中国標準部、韓国政府標準部、韓国規格協会、フランス国家標準化機関等多くの関係者との政治交渉を秘密裏に重ねた。投票前には投票責任者全員を調べ、その全員と賛成投票依頼の交渉を行った。こうして周到にソニーの支援者を増やした結果、反対投票無しでフェリカの国際標準化が達成された。

このように、裏で行われる政治活動は標準化達成の非常に重要な要素となる。標準化担当者は標準化活動を「技術」としてだけではなく、「ビジネス」や「政治」として見ることのできる複眼的な視点を養うことが必要である（**図表4-11**）。

図表4-11　複眼的視点が必要

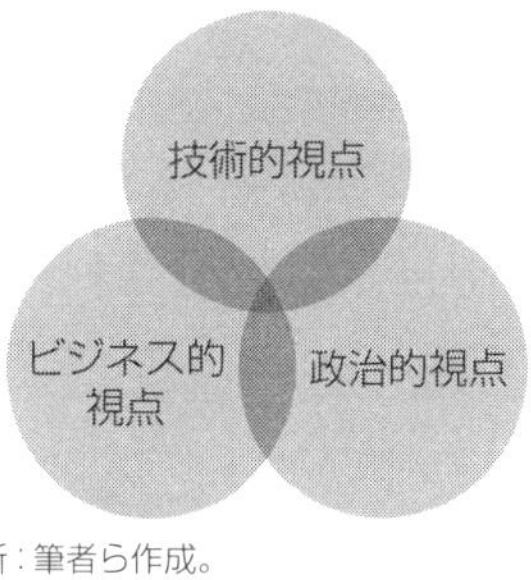

出所：筆者ら作成。

ビジネスマインドや政治活動のノウハウ、そして人的ネットワークの形成は短期的に獲得できるものではなく、企業は長期的な視野で標準化人材の育成に注力しなければならない。日本は欧米に比べシニア層の標準化担当者が多いが、将来を見据え今後は若手を中心とした人材育成が必要である。「国による有効と考える人材育成支援策」（**図表４-12**）では「エキスパート等によるセミナーや研修会の開催（体系的かつディベートなど実践的教育）」「標準化キーパーソンとのコネクションづくり」があげられており、政府はＯＪＴでは難しい体系的教育や人脈形成をサポートする必要がある。

参考文献

一般社団法人情報サービス産業協会（JISA）（２０１２）『標準化と国家戦略』(http://www.jisa.or.jp/Portals/0/resource/activity/standard/important_3.html)。

株式会社三菱総合研究所（２０１２）『国際標準化活動に関するアンケート・ヒアリング調査結果』。

神田尚樹（２００９）「技術論説　鉄道分野における国際規格を巡る近年の動向と今後の方向性」鉄道と電気技術20（７）。

経済産業省HP（http://www.meti.go.jp/committee/materials2/downloadfiles/

図表4-12　国による有効と考える人材育成支援策

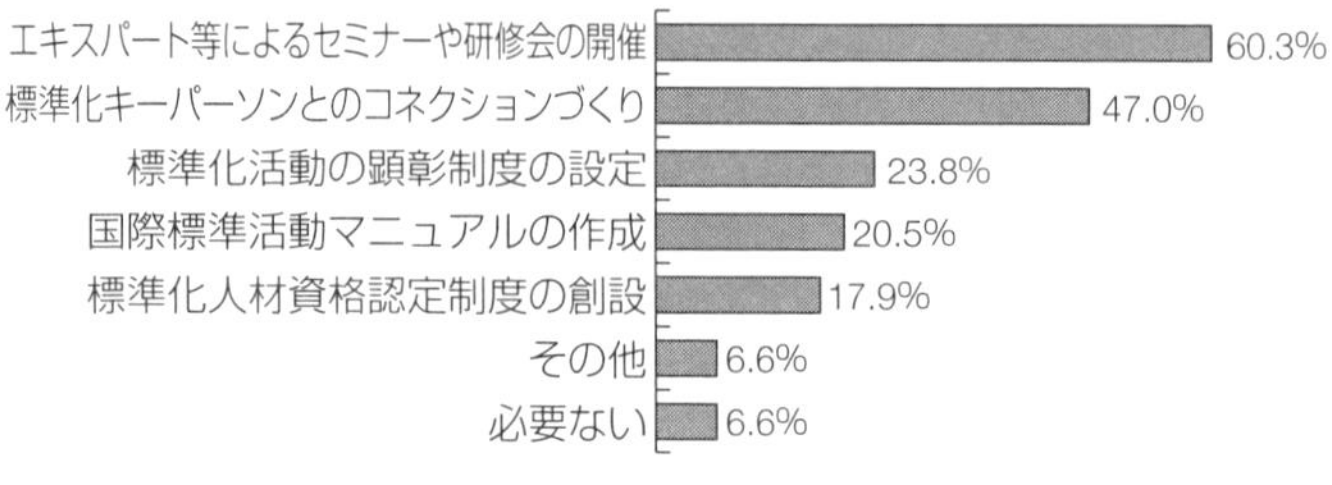

出所：総務省「国際標準化活動に関するアンケート・ヒアリング調査結果」。

g100129d03j.pdf)。

週刊東洋経済（２０１２）『「鉄道」再起動』２月25日。北九州市水道局（http://www.suidou.city.kitakyushu.lg.jp/suidou/index.html)。

首相官邸HP（http://www.kantei.go.jp/jp/singi/package/dai4/siryou1.pdf)。

中村吉明（２０１１）『ゲームが変わった』東洋経済新報社。

日経BizGate（http://bizgate.nikkei.co.jp/special/emerging/market/index.aspx?n=MMBIb2000013032012)。

日経ビジネスオンライン（http://business.nikkeibp.co.jp/article/world/20110223/218568/）２０１１年２月24日。

日本規格協会（２００９）「第１章　標準化の意義」『標準化教育プログラム[共通知識編]』。

日本規格協会（２００９）「第14章　規格が経済に与える影響」『標準化教育プログラム[共通知識編]』。

日本規格協会（２０１１）『日本を活かす 広がるインフラビジネス―国際標準化で巨大市場に挑む!』。

日本経済新聞（２０１３）『【アジア跳ぶ】第３部・日本一歩前へ（03）大逆転狙うEU―勝者はモノサシを握る』５月17日。

日本経済新聞Web版（http://www.nikkei.com/article/DGXNASFK0403K_U2A600C1000000/)。

日本経済新聞Web版（http://www.nikkei.com/article/DGXNASDD0102K_R00C13A4000000/）２０１３年４月２日。

真子和也（２０１２）『総合調査「技術と文化による日本の再生」鉄道インフラの輸出―新幹線を中心に―』(http://dl.ndl.go.jp/view/download/digidepo_3533031_po_20120106.pdf?contentNo=1)。

山田肇（２００７）『標準化戦争への理論武装』税務経理出版。

Bloomberg（http://www.bloomberg.co.jp/news/123-M7T6H56S972H01.html）２０１２年７月30日。

SCI Verkehr（http://www.sci.de/)。

第5章

日本のインフラ産業は、経験の輸出ができるか

前章では、日本の「売る体制作り」の弱さを指摘し、日本のインフラ輸出に伏在する〝弱み〟を示した。本章では前章に引き続き、一般的に輸出競争の際に論点となる価格や技術ではなく、「インフラ輸出に伏在する」重要な競争要因を探る。特に、インフラの中でも交通インフラを輸出する際に伏在する〝強み〟として、「日本の均質的な成長を実現させた都市開発のノウハウ」に焦点を当てたい。そこで本章では、まず日本国内の「交通インフラ＋都市開発」の歴史に触れ、格差是正との関係について考察をする。その上で、格差解消モデルを構成し、中国、インドへとそのモデルを適用し、新興国での格差解消には「都市開発」が有効であるという可能性について論じたい。日本は都市開発の経験をノウハウとして売り出していけるのかどうか、その可能性を検証することが本章の目的である。

1 日本での成功

日本の格差是正政策

ジニ係数が24・9である日本は、他国と比較して所得格差の少ない国だといえる。日本がこれほど所得が平等な国に発展した理由を、まずは戦後の経済政策面から少し見ていきたい。日本では戦前、自作農や小作農といった農村内での所得格差や、身分制度が存在した。しかし戦後の農地政策の影響で小作農にも土地が与えられたことや、都市部が空爆の被害を受け、富裕層の資産が無くなってしまったことなどから所得格差は縮小した。

しかし、その後鳩山内閣や岸内閣の際に、戦後復興で都市部が発達し、農村との所得格差が拡大した。さらに1950年代には池田勇人内

図表5-1　所得不平等の推移（2人以上の世帯）

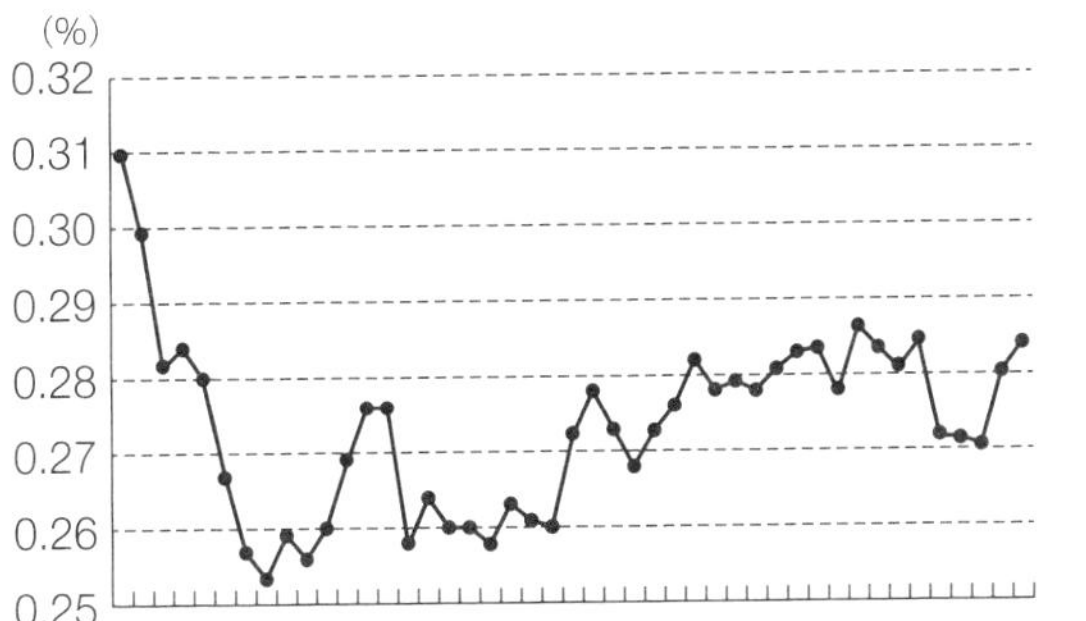

注）総務省『家計調査』(2人以上の世帯)、2000年より農林漁家世帯を含む。
出所：橋本（2013）。

閣が所得倍増計画を実施し、農村と非農村の間での所得格差が顕著になった。そこで池田内閣は全国総合開発計画を実施し、太平洋ベルト構想をかかげて地方の工業化を目指した。60年から70年にかけて高度経済成長を迎えた佐藤内閣は、第2次全国総合開発計画をかかげ、交通インフラの拡大や所得格差のさらなる解消に乗り出した。

そして1972年に田中角栄が内閣総理大臣に就任すると、彼は「日本列島改造計画」という農村と都市間の所得格差を解消するための政策を積極的に行った。その結果、農村と都市間の所得格差を縮小することに成功したのである。

日本の都市を支える交通インフラの歴史

日本の国土発展は、前述のとおり全国総合開発計画という5回にわたる国土開発計画によって築かれた。ここでは、特に交通インフラの整備に関係の深い第1回・第2回全国総合開発計画について見てみよう。

まず最初の全国総合開発計画は、池田内閣が1962年より実施した。この開発計画が実施された背景には、①高度成長経済への移行、②過大都市問題・所得格差の拡大問題の解決、③太平洋ベルト構想による所得倍増計画、といった3つの狙いがあった。そのため、「目標達成のため工業の分散を図ることが必要であり、東京等の既成大集積と関連させつつ開発拠点を国内各地にバランスよく配置し、交通通信施設によりこれを有機的に連絡させ相互に影響させると同時に、周辺都市の特性を活かしながら連鎖反応的に開発を進め、都市間の均衡ある発展を実現する。」という開発拠点方式により計画を進めた。またこのころ、民間の鉄道会社による都市開発も始まった。東急電鉄は1959年に野川第一地区の土地区画整理事業に着手したのを皮切りに、多摩田園都市線の開発が始まったのである。

第2回目の新全国総合開発計画は佐藤内閣が1969年より実施した。この開発計画が実施された背景には、①高度成長経済による交通インフラの不足、②人口、産業の大都市集中問題の解決、③情報化・国際化・技術革新の進展、という3つの狙いがあった。そのため、大規模プロジェクト構造を掲げ、新幹線、高速道路等のネットワークを整備し、大規模プロジェクトを推進することにより、国土利用の偏在を是正し、過密過疎、都市格差を解消することを目標とした。

また、全国総合開発計画とは異なるが、1972年に田中角栄が発表した「日本列島改造論」も、日本の国土開発に大きな影響を与えている。東京と地方間の格差をなくそうという彼の計画をすべて実現することはできなかったが、東北・上越新幹線の開設や高速道路、本州四国連絡橋などの高速網の敷設や都市圏における私鉄・地下鉄の整備が着手された。

このように、日本は経済成長にあわせて交通インフラの敷設を実施してきた。その中で特筆すべきは、単に人々の移動手段として交通インフラを敷設しただけでなく、都市部と地方の（都市内格差および地域間）格差をなくすために交通インフラを含めた都市開発を行ってきた点である。日本は常に、地方間格差をなくそうという制作意図を保持し続けていたことがわかる。

日本の都市を支える交通インフラ敷設の格差解消への貢献

では、このような交通インフラ敷設がどのように格差解消に貢献してきたのであろうか。まず、地方間格差について考察してみよう。**図表5-2**は、1人当たり県民所得の上位5県平均と下位5県平均の格差を示した図である。これを見ると、1961年～1965年、1973年～1975年の間で劇的に格差が解消されていることがわかる。この2つの時期はそれぞれ、第1回全国総合開発計画、日本列島改造計画が実施された年である。また、第2回全国総合開発計画が実施された。1969年にも、わずかではあるが格差が縮小している。

こうした格差縮小の要因は、国土開発によって地方に工業を分散させることに成功した点にある。地方の工業化を示す指標として、工業化水準指標というものがある。これは、その都市にどれほど第二次産業に従事する人がいるかを示した指標であり、具体的には（地区工業人口／地区人口）÷（全国工業人口／全人口）で計算する。そして12・0以上はグループA21・0～2・0の間はグループB30・8～1・0の間はグループC40・6～0・8の間はグループDと分類する。結果は**図表5-3**のようになる。

この図からわかるように、国土開発によって地方の工業化が非常に順調に進んだことがわかる。そして、その工業化が進んだ地方と都市を交通インフラで結んだことによって、地方と都市間の格差を縮小することができたことがわかるだろう。

次に、都市内での格差についても考察してみよう。まず、日本のほとんどの都市は、街の中心にオフィス街があり、その周りを囲むように郊外に住宅街が位置している。これはドーナツ型現象が起こっているといえる。この現象が起こった背景には、交通インフラが深く関係している。都心と郊外を電車でつなぎ、道路を整備することで労働力の移動が可能になったからだ。またそれだけでなく、東急電鉄のように民間の鉄道会社が線路沿線の都市開発を行い、魅力的な住宅地をつくりあげたこともある。例えば多摩田園都市は東急電鉄が住宅地として整備した区画であり、１９８９年に「緑の都市賞～内閣総理大臣賞～」を受賞するなど、魅力的な都市開発が推進された。

このように交通インフラは地方間・都市内の所得格差解消に貢献することができる。しかし、これには限界があることも事実である。例えば東京湾アクアラインは、地方間格差を解消しきれなかった典型例といえる。東京湾アクアラインは神奈川県の川崎市と千葉県の木更津市を結んだ橋である。建設目的は首都圏の物流を活発化することで、特に千葉県民は木更津市の活性化を望んでいた。しかし建設が終わり

図表5-2　地域間所得格差の推移（１人あたり県民所得の上位５県平均と下位５県平均の格差）

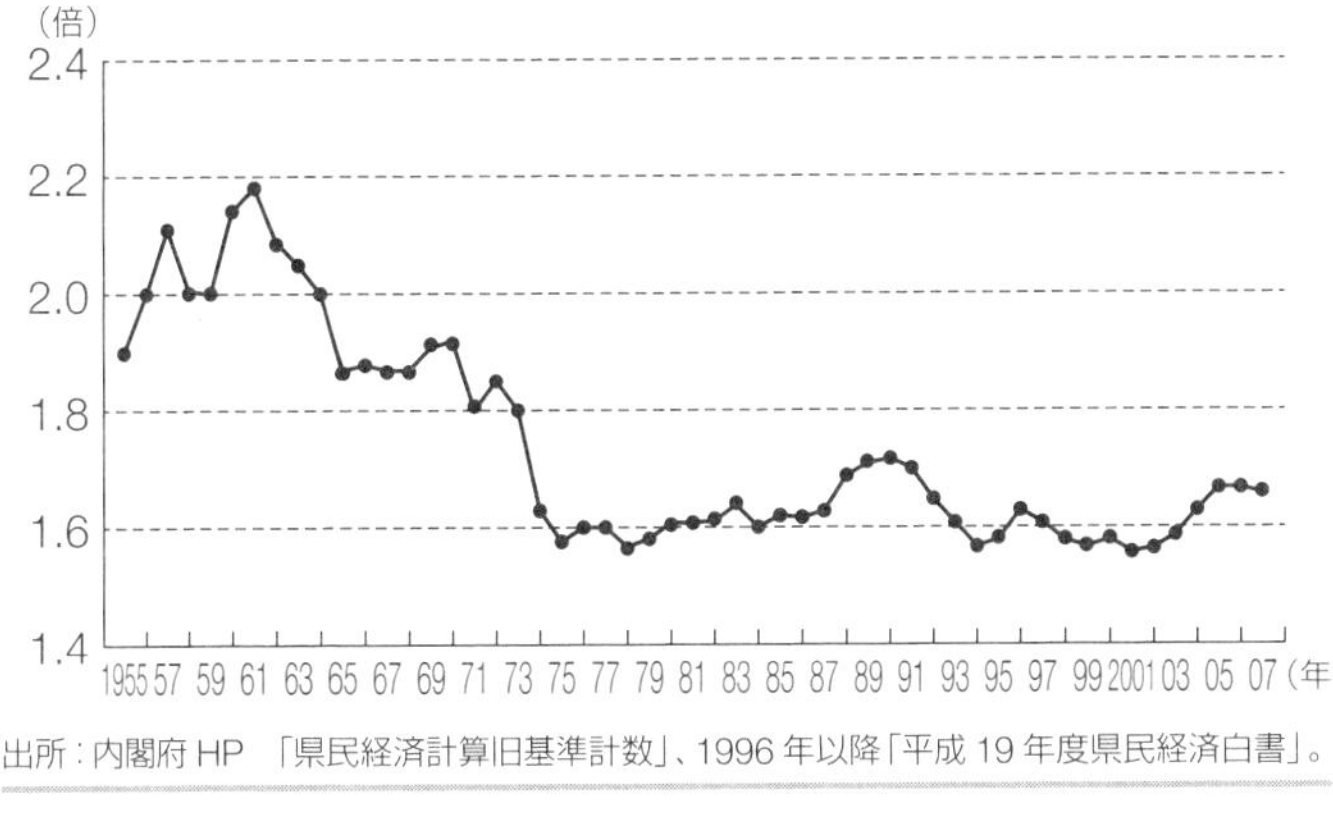

出所：内閣府HP 「県民経済計算旧基準計数」、1996年以降「平成19年度県民経済白書」。

図表 5-3　工業化指数

1960 年

グループA	グループB	グループC	グループD	グループE
	愛知県	東京都	群馬県	北海道
	大阪府	神奈川県	埼玉県	青森県
		京都府	富山県	岩手県
		兵庫県	石川県	宮城県
			福井県	秋田県
			岐阜県	山形県
			静岡県	福島県
			三重県	茨城県
			奈良県	栃木県
			和歌山県	千葉県
			福岡県	新潟県
				山梨県
				長野県
				滋賀県
				鳥取県
				島根県
				岡山県
				広島県
				山口県
				徳島県
				香川県
				愛媛県
				高知県
				佐賀県
				長崎県
				熊本県
				大分県
				宮崎県
				鹿児島県

1970 年

グループA	グループB	グループC	グループD	グループE
	栃木県	茨城県	北海道	青森県
	群馬県	千葉県	宮城県	岩手県
	埼玉県	新潟県	山形県	秋田県
	東京都	山梨県	福島県	熊本県
	神奈川県	長野県	鳥取県	宮崎県
	富山県	和歌山県	島根県	鹿児島県
	石川県	山口県	高知県	
	福井県	徳島県	佐賀県	
	岐阜県	香川県	長崎県	
	静岡県	愛媛県	大分県	
	愛知県	福岡県		
	三重県			
	滋賀県			
	京都府			
	大阪府			
	兵庫県			
	奈良県			
	広島県			
	山口県			

1980 年

グループA	グループB	グループC	グループD	グループE
	栃木県	宮城県	北海道	
	群馬県	秋田県	青森県	
	埼玉県	山形県	岩手県	
	神奈川県	福島県	高知県	
	富山県	茨城県	長崎県	
	石川県	千葉県	熊本県	
	福井県	東京都	大分県	
	長野県	新潟県	宮崎県	
	岐阜県	山梨県	鹿児島県	
	静岡県	奈良県		
	愛知県	和歌山県		
	三重県	鳥取県		
	滋賀県	島根県		
	京都府	山口県		
	大阪府	徳島県		
	兵庫県	香川県		
	岡山県	愛媛県		
	広島県	福岡県		

出所：「日本の統計」（グループＡは検出されず）。

利用開始されると、木更津から川崎への移動に利用する人がほとんどで、木更津はむしろ過疎化してしまった。この失敗の原因には、木更津市に十分な都市としての魅力が無かったことがある。木更津の事例のように、都市と都市を交通インフラで結ぶ場合には、双方に都市としての魅力がなければ失敗する可能性があるということだ。

また、都市内格差の解消にも限界はある。例えば都市内格差を象徴するものの1つに、スラム街がある。昨今の日本ではあまりスラム街が見られないが、戦後の日本にはあちこちに存在した。日本の場合、政府がスラム街の土地を直接買い上げ、住宅を与えたことでスラム問題は解決したのであるが、交通インフラの整備だけではスラム問題は解決できなかったということを裏づける事実ともいえよう。

しかしながら、交通インフラによる所得格差解消は、このように限界があるものの、格差問題に対して一定の貢献ができることも事実である。日本は都市開発や地方開発と交通インフラの整備をうまく織り交ぜ、所得格差の少ない均衡な国土発展を遂げるという貴重な経験を積んできた国だということがわかる。

東急電鉄の都市開発

このような格差解消の経験の中では、民間の鉄道会社による都市開発計画も重要な役割を果たしてきた。特に東急電鉄沿線を開発した東急不動産はその代表的な例といえる。東急不動産の歴史について少し考察してみよう。

田園都市をつくるために創業。次第に鉄道系デベロッパーに変化（戦前、戦中）

第2次世界大戦前、戦中の東京には人口が集中しており、住宅不足問題が深刻で家の質より量の確保が急務であった。一方、増加するサラリーマン、都市知識人ら都市部の中流層は洋風の生活に憧れていた。

その当時、渋沢栄一は欧米視察の経験を経て、「田園都市」概念を知り、田園都市株式会社を設立した。そして、「過密化した東京の郊外に田園情緒豊かな理想的な住宅都市を建設する」ことを目標に田園都市構想に基づく住宅地開発企業としてスタートした。具体的には、田園調布、洗足、新丸子、日吉など現在の東急電鉄沿線をマーケットとした。例えば田園調布では、「東京市といふ大工場に通勤される知識階級」というコンセプトで、「豊かな」労働者（ホワイトワーカー）のためにつくられ、現在のニュータウンへ繋がる住宅地として開発された。

またこのころ、住宅開発と同時に鉄道業にも参入（目黒蒲田電鉄と資本提携・合併）する。田園都市経営地の居住者の利便を図るために鉄道事業に取り組んでいたが、合併後は鉄道沿線開発の一方策という色彩が強くなった。

鉄道系デベロッパーの限界を感じ、より広い地域の開発を目指して東急不動産として分離独立（1955年頃まで）

第2次世界大戦の影響で住宅難は再度深刻化した。終戦直後は420万戸不足といわれており、終戦から昭和30年まで400万戸作られるが、不足数の解消は150万戸にとどまった。また、質の低いバラックや公団住宅など、大量供給型の住宅が中心に建設された。

この当時、東京急行電鉄株式会社は住宅難をチャンスと捉えたものの、東急沿線はすでにほとんど開発していて、このままでは宅地開発を大きく展開できない（場所がない）という問題があった。そのため、沿線以外での積極的開発を可能にするために田園都市株式会社からノウハウを引き継ぎ、五島昇を社長に東急不動産を設立した。

田園都市事業依存体制からの脱却のため、新分野へ参入。デベロッパーとしての「東急」ブランドが確立（1950年～1980年）

1950年から1980年にかけて日本は高度経済成長を遂げた。この経済成長の中で、社会はさまざまな面で変化した。まず、人口動態は変化し、生産年齢層が増加した。次に生活スタイルも変化し、個々のニーズが多様化した。そして都市構造も変化し、70年までは都市部への人口集中がおこり、その後は郊外への転居がおこった。

このころの東急不動産は、交通関連事業を切り離し住宅地開発への注力をいっそう強め、大型化、郊外化する案件を取り扱うようになった。具体的には、「東急ニュータウン」と呼ばれる大規模分譲地を建設していき独自の地位を確立した。また、画一的な建売住宅に変えて高級モデルハウスを建設し、良質な住宅の建築を促進していた。こうした活動の結果、東急ストアなどの生活関連事業も生まれた。１９６０年半ばには関東以外にも進出し始め、近畿圏（１９６６年）、地方中核都市（１９７２年）に進出した。

上述のように、郊外を魅力的なものに変えた東急電鉄の都市開発事業は、都市の一極集中を解消することに大きく貢献した。都市の一極集中を解消させたことで、日本は均質的な国土発展を遂げることができたといえるだろう。

2 日本の交通インフラ輸出の強みとしての格差解消と都市開発

ここで、日本の交通インフラ敷設による均質的な成長の経験をもとに、交通インフラ敷設、および都市開発と格差解消の関係について、理論モデル化を試みてみよう。このようなモデル化を考えることによって、インフラの輸出相手先国で、日本の経験が強みとなるのかどうかを検証することができるようになるからである。

交通インフラ敷設の本来的な意義

国や行政組織が、自国の都市に交通インフラを敷設する根本的な意義は何であろうか。歴史上、地方の政治家が自らの支持を集めるために、鉄道や道路の敷設を推し進めた例は枚挙に暇がない。新しい鉄道や道路の敷設は、地元の人にとっては少なからずありがたい政策であろう。特に、高速道路や新幹線など比較的遠距離の移動に使われる交通インフラの敷設に対する期待はどこの国でも高い。理由としては、自分たちの遠距離移動の利便性が高まることはもちろんのこと、地域間交流が増加することによって、地元民として相対的に誇れるものが増えるということもある。大都市間を移動するビジネスマンにとっても遠距離移動の交通インフラ敷設による恩恵は大きい。また、環状道路や都市内短距離移動の交通インフラなども、その都市の住人にとっては生活の利便性に直接影響する死活問題になり得る。

交通インフラ敷設には、「地域間の長距離移動」と「都市内の短距離移動」という2つの異なる役割に分類することができる。道路敷設においては、地域間の長距離移動手段である高速道路も、あるいは都市内の短距離移動手段である一般道路であっても、政府主導の公的なインフラ敷設となることが普通だ。一方、鉄道の整備においては、公的機関と民間企業の協働や棲み分けがどこの国でも見られる。日本においても、地域間の長距離移動手段である新幹線は元国営企業であるＪＲによって運営されているが、車両製造などは民間企業が担っている。また、都市内の短距離移動手段においても、ＪＲだけではなく、他の多くの私鉄も運営されており、駅ビルや住宅街などの都市開発も同時に行われるケースが大半である。

長距離移動交通手段の普及は、地域間での経済格差を埋めることに役立つ可能性がある。地域間が結ばれ、ヒト・モノの動きが活発化することでその地域の中心地の発展へ貢献するだろう。一方、短距離移動交通手段の普及は、低所得者と高所得者の都市内での二極集中を避け、流動的な環境の中で格差是正に貢献できる可能性がある。

交通インフラが解消できる格差とは

ところで、格差とはいったい何であろうか。地域間格差・都市内格差とは、具体的には何の格差のことを指しているのかを明確にしておく必要があるだろう。一言で格差といっても、所得格差、教育格差、身分格差、とさまざまな種類の格差が存在する。さまざまな種類の格差の中でも、ここで交通インフラが是正可能な格差は、地域間格差であれば、地域全体の平均所得を比較した際に見られる所得格差、都市内格差であれば、中心地に住んでいる人と郊外に住んでいる人の所得平均格差を指すものとする。つまり、交通インフラが解消できる所得格差とは、スラムのような平均所得の低い人々が一極集中する場所がなくなることで、所得の高い人と所得の低い人が特定の場所に集中して居住することを防ぎ、さまざまな所得の人が分散することで、その地域間、あるいは都市の中での住人の平均所得に偏りがなくなる、ということを意味している。

都市内のドーナツ型分布

都市内のドーナツ型分布とは、中心地に商業施設やビジネスの拠点が集まる「都市の中心地」と、その周りに円形上に「郊外」が広がり、中心地には所得の高い人が生活し、郊外には中心地の人と比べて所得が少なく、主に一次産業を生業とする人が多く生活しているという都市内の構成のことである。日本では戦国時代から城郭を中心として円形に町が広がっていく城下町が多かったこともあり、そのような都市形成は昔から自然と見られてきた形だとも考えられる。また高度経済成長時にはいわゆるドーナツ化現象が全国の主要都市で発生した。このようなドーナツ型となる都市内の人口分布が、短距離移動手段による格差解消モデルの出発点である。

①長距離移動交通手段による格差解消

ドーナツ型分布をした都市同士の中心を結ぶ役割を果たすと考えられるのが、長距離移動交通手段である。日本の高度経済成長時や、昨今の中国の高速鉄道敷設などをはじめ、国の発展段階に実行されるケースが多く見られる。急速な成長のためにはこの都市の中心同士を結ぶことは必須であるといっても過言ではないだろう。交通インフラ敷設によって可能な格差解消方法の第1段階ともいえる。

②短距離移動交通手段による格差解消方法

次に、都市内で短距離移動手段の敷設が進む。都市内の移動がスムーズになり、中心地と郊外の人口が流動的になる。これによって、もともと職場に近い中心に住んでいた人が郊外に住む選択肢が生まれ、郊外がベッドタウンとなる。そして、そのベッドタウンでまた日常生活関連の商業活動が盛んになる場合もある。今まで中心地で稼いで生計を立てていた人たちが、中心地へのアクセスが容易になった郊外を魅力に感じ、郊外での生活を始めることで、郊外の駅近郊で商業が栄え、郊外での商業活動および生活が可能となる可能性があるということである。

もちろん、従来から郊外に住んでいた一部の人にとっても、都市内の短距離移動交通手段の利便性が高まると、余剰労働力が仕事の多い中心地へと出やすくなり、郊外居住者の所得向上が実現する可能性があるとも考えられる。

図表5-4　地域間格差解消モデル

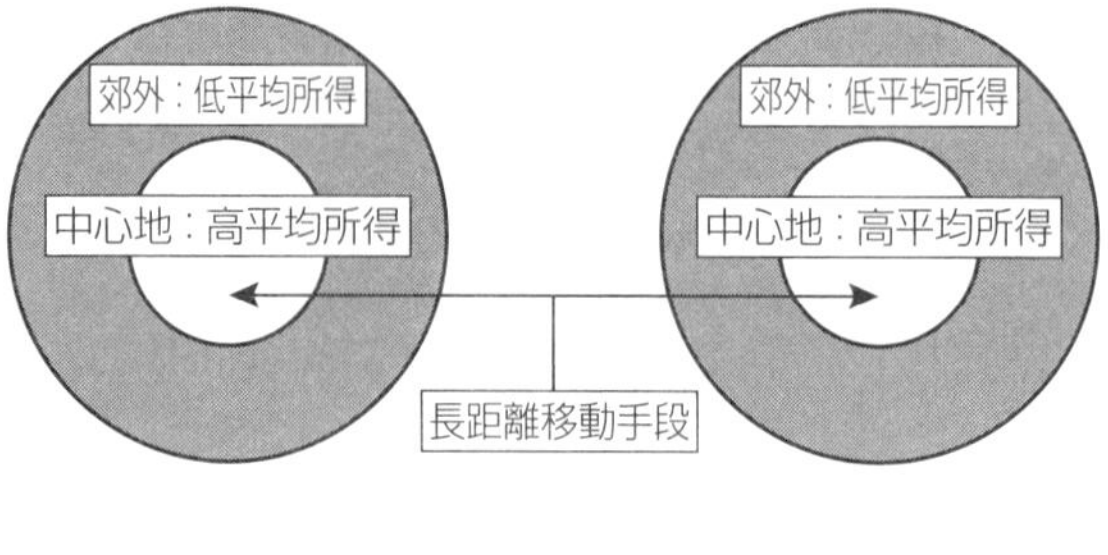

出所：筆者ら作成。

都市内での格差がなくなるように努めることは、国の威厳にもつながる高速鉄道などの長距離移動交通手段よりも地味な仕事に感じられるが、商業環境および生活環境が整っている範囲を広げる効果をもつ。このような短距離移動交通手段の形成こそが連鎖的な好循環を生み出す重要なステップであり、長距離移動交通手段敷設の次の段階として必ず達成されなければならないものだ。短距離移動交通手段の構築なしには、国土全体をフル活用できる体制を作り上げ、最終的には国民所得の増加を促すことは難しい。

③短距離移動交通手段による格差解消方法の有力な手段：都市開発

短距離移動手段による格差解消方法は、都市鉄道を通し、人が郊外へと分散するというモデルであるが、都市鉄道敷設と同時に、郊外の都市開発を行うことで、さらに人を分散させる可能性が一段と高まる。特に重要になるポイントは「魅力的な郊外」の建設である。日本交通インフラ発展の歴史の中でも説明したように、東急電鉄が開発した田園調布都市などの例は、この短距離移動交通手段が都市内の格差解消につながった典型的な成功例といえよう。鉄道会社にとっても、自らが都市を開発することで、鉄道利用者を安定

図表 5-5　都市内格差解消モデル

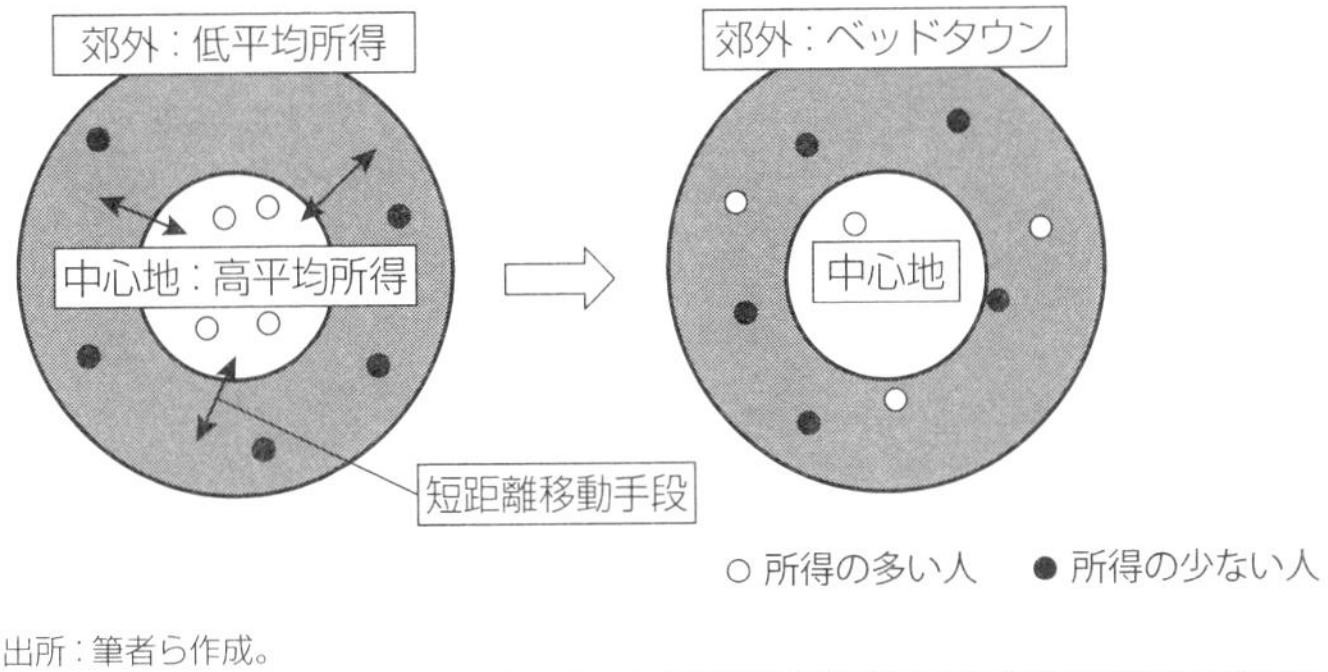

出所：筆者ら作成。

的に確保できるようになるというメリットがある。ただし、ここで留意しておきたいのは、この短距離交通手段の格差解消モデルと都市開発のシナジー効果が発揮されるのは、それを実行する後背地が「大胆な都市開発が可能」な規模で残されていることが前提だということだ。つまり、いわゆる「ニュータウン」を作ることが必要不可欠なのである。

新興国では、こういった「大胆な都市開発」が可能な地区が多数存在すると考えられる。それゆえに日本政府としても交通インフラの輸出を通じて、日本の経験を新興国ビジネスにつなげたいと考えるわけであるが、しかし現実には、そのような「魅力的な郊外」づくりは、なかなか輸出されていないのが実態というべきである。例えば中国においては、後述するが、「魅力的な郊外づくりを目指す都市開発」なしの安易な鉄道敷設が優先してしまい、結果的にはむしろ格差が広がってしまったという現実がある。

3　中国での失敗（中国においては日本のモデルは通用しない）

新興国の深刻な格差

新興国は昨今、飛躍的な経済成長を遂げている一方で、所得格差拡大の問題が深刻化している。このことはジニ係数を見れば一目瞭然である。いわゆるＢＲＩＣｓのジニ係数はブラジルが58・0（国際連盟・2003年）、ロシアが39・9（2002年）、インドが32・5（1999年）、中国が44・7（2001年）となっており、いっこうに低下する気配も見えない。所得の分配がより不平等になると、政府への不満が高まりデモが頻発し治安が悪化する、といった問題が発生しやすくなる。低所得者層が多いと、内需を拡大することも限界が発生する。こうした所得格差問題を解決することは、国の経済成長を維持するためには必須の政策課題といえる。ここまで述べてきたとおり、日本はこの問題を、交通インフラのバランスの良い配置によって見事に解決し、先進国としての地位を確固たるものにしてきたという経験をもっている。しかし、新興国では必ずしも日本と同じようなモデルが通用しないようだ。以下、新興国でも特に人口の多い中国とインドについて、交通インフラ施設の視点から、深刻な格差問題を再検証してみたい。

中国の格差の現状と格差を生む政策（農民工・蟻族・鼠族の存在）

前述のとおり、中国のジニ係数は非常に高い。実際に、例えば北京の中心地は高層ビルが林立しているが、大通りから一歩路地へ足を踏み入れると、いまだにスラム街が存在している。なぜこのような激しい所得格差が生まれてしまったのだろうか。中国の経済政策を少し振り返ってみよう。

１９４９年に毛沢東が中華人民共和国を建国し、「大躍進」「文化大革命」などのスローガンを掲げ、わずか数年間でアメリカやイギリスを追い越すという無謀な政策を立てた。しかし彼の政策は大きく失敗し、毛沢東の死後、彼の側近は失脚していった。その後１９７８年に鄧小平が主席に就任すると、「先富論」や「社会主義市場経済」を唱えるようになり、中国経済を現在につながる成長軌道へと導いた。「先富論」とは「まず富めるものが富み、貧しいものへの対策は後で行えばよい」という考え方である。また「社会主義市場経済」とは「政治体制的には社会主義を堅持しながらも市場経済を導入して経済の活性化を図る経済体制のこと」である。こうした彼の政策は、中国の経済成長を実現させた一方で、国内の所得格差を拡大させた。そしてこの所得格差問題を解決することを目的に、その後江沢民が「小康社会」を、胡錦濤は「和諧社会」を提唱したのだが、それにもかかわらず格差は解消の傾向を見せていない。

江沢民や胡錦濤による格差解消政策はうまく機能しなかった。それどころか、近年の中国では都市間格差のみならず都市内格差も拡大しており、深刻な問題となっている。都市内格差を招いた一因に、農民工という出稼ぎ農民の存在がある。彼らは田舎から都市へ出稼ぎに来ている労働者であるが、農村の戸籍しか与えられずしかも変更不可であるために、都市内でさまざまな差別を受けているという現実がある。

また昨今では農民工問題だけでなく、蟻族と呼ばれるニートのような学生が数多く発生しているという。彼らは大学に入学したものの、就職できなかったために、友人と狭い部屋でルームシェアをしながら生活している。蟻族が生まれた背景には、大学の数が増えすぎてしまったことと、一人っ子政策の影響で学生が両親から過度な期待を抱かれながら大学に入学したため、一流企業に就職しなければという強迫観念から、無職である現実を肯定できず、いつまでも都市内に留まって無謀な職を探し続けているという現実があるという。さらに、近年北京など大都市で不動産バブルが発生したため、鼠族と呼ばれる地下で暮らす若者たちも急増しているという。今後の政権によって格差問題を解消できるかどうかという点は、中国経済の成長を考える上できわめて重要なポイントとなるだろう。

中国では交通インフラ敷設が格差を広げる

交通インフラ敷設は、中国と日本では異なる社会インパクトを発生させているようだ。前述した二段階モデルに従って、順に検証してみよう。

まず長距離移動インフラについて見てみよう。中国では昨今、急速に高速鉄道の建設が行われている。

中国には世界一長い8358kmの高速鉄道網がある。そのうちの2197kmは世界最高の営業速度である350km／hを出すことが可能な車両が走る。2007年に23万7000人であった1日当たりの平均利用者数は、2008年には34万9000人、2009年には49万2000人、2010年には79万6000人と増加していて、2007年4月からの輸送実績は6億人に達しているという。高速鉄道網は2015年末には2万5000kmに達する計画である。このように高速鉄道においては積極的な投資が行われており、地域間格差は今後縮まる可能性がある。国の威信にかけて建設される大がかりな長距離移動交通手段は、比較的早く整備されるであろう。

地方間格差については、日本が経験したような交通インフラによる格差縮小と似たような成功例が少しずつ表れているようだ。例えば、内モンゴル自治区武川県の例がある。この都市は自治区都の呼和浩特市内から北へ約43kmの距離にあり、県の人口17万人のうち農業人口14万人の都市である。農家のほとんどが雑穀とジャガイモ生産農家である。武川県は標高1500メートルの高地に位置し、年間降水量300ミリメートル程度、無霜期も年間120日程度と限られているため、年一作を余儀なくされる気候である。主要な農産物はジャガイモの他小麦、燕麦大麦、菜種、豆類、ソバ、アワ等と、雑穀類が主であり、収益性も低い。従来は雑穀生産が中心で農業が振るわない状態が長く継続されてきた。このように農業が振るわない状態が長く継続してきた結果、国家級貧困県の指定を受けており、長年貧困問題に悩まされていた。しかし、ここ数年、農民専業合作社を中心に取り組んでいる有機ジャガイモの生産が好調で、また、呼和浩特市内からの道路が近年整備されたことから、県外へのジャガイモ販売も容易になるなど、農民所得も向上している。武川県は、交通インフラの整備によって都市おこしを成功させた好例といえるだろう。

しかし、都市内格差については状況が大きく異なる。日本にはほぼスラム街が存在せず、都市内に顕著な所得格差は見られないが、中国では、高層ビルが立ち並ぶ大通りの裏にすら、大きなスラム街が存在している。さらに、前述のとおり、蟻族や鼠族と呼ばれる人々も増加の一途を辿っており、都心部の狭い地域の中で、所得に応じて住む場所が細分化される状況が定着化しつつある。

このような細分化された都心部スラムや、蟻族、鼠族が多数居住している街区の近くも、実は電車やバスが便利に走っており、家賃を抑えながら通勤・通学をするのにとても便利な環境ができてしまっている。したがって、彼らがそのような居住地から郊外のベッドタウンに移住しようというインセンティブは

図表 5-6　中国の土地制度

	都市	農村
土地制度	都市のすべての都市の所有権は国に属する。	農村の土地の所有者は村落の集団所有。都市化の家庭で、国は農民の生産手段である農地を徴用することはできるが、農民の生活手段である宅地を徴用することはしにくい。したがって、現在の城中村の住宅用地は今でも村の集団所有に属する。
社会管理制度	都市のコミュニティは末端の行政の出先機関にある「街道委員会」が管理し、管理のための一切の費用は政府の財政が負担する。	村落のコミュニティは村民の自治組織である「村民委員会」が管理し、管理のための一切の費用は村集団が負担する。

出所：古谷誠章作成資料。

生まれず、都市内の所得格差はむしろ定着し、いつまでも存在し続けてしまうという悪循環が生まれてしまっているといえよう。中国政府は、スラム街や蟻族・鼠族の居住地を無くすために、大胆な都市の再開発を行おうとしているが、居住地を崩された彼らはまた他の居住地を見つけ、都市の中心部に住みついている。こうした現象は、交通の利便性が良くなったからこそ発生している現象である。

このように、中国において交通インフラの敷設が都市内格差を拡大してしまう1つの要因に、複雑な中国の都市構造があげられる。中国の大都市でスラム街が多数存在する理由には、土地の所有権をめぐる問題がある。中国では、**図表5-6**のように土地の所有権が二元化されている。特に農村では農村の土地の所有権は村落の集団所有となっており、都市化を進める際に農民の土地を徴用することがとても難しいのだ。その結果、都市化を進める際には**図表5-7**のような事態が起こってしまう。これは中国南部のある農村の1980年代から2000年代までの変化をモデル化したものであるが、これを見るとスラム発生のメカニズムがよく理解できる。まず都市化がまったく進んでいない農村では田畑部分と宅地部分が混在し

図表5-7　城中村の形成

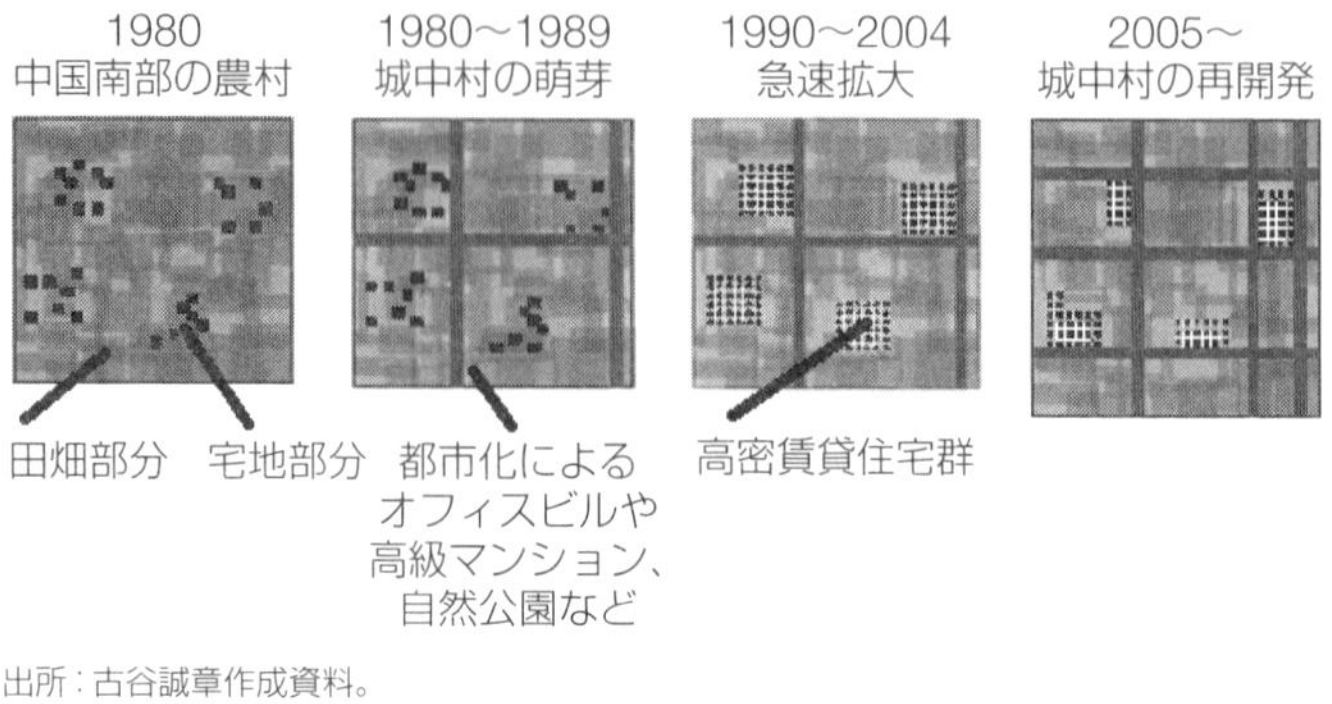

出所：古谷誠章作成資料。

ている状況があるのだが、その後都市化が進み高層ビルやマンションの建設が始まると、農民の宅地部分の土地を収用できないため、農民が生活していた宅地部分だけが集積され、「城中村」と呼ばれるスラム街としてモザイク状に取り残されてしまうのだ。

日本が行ってきた「魅力的な郊外を都市開発」は、この難しい問題に対して何らかの解決策となるかもしれない。中国は現在、国家による鉄道運営体制が敷かれているが、国内外の企業問わず民間への市場開放も検討されているとのことである。民間企業が、鉄道路線敷設と魅力的な郊外住宅地を同時に形成することで、ある一定規模の路線使用住民が確保され、運賃が抑えられ、郊外で都心にいるよりも安い生活資金で暮らし、通勤が可能となる可能性があり、中国特有の低所得者も郊外へと徐々に分散するかもしれない。これが都市内格差解消のための迅速で決定的な手段となるとは未だ言い切れないが、民間企業の力が格差解消へ貢献できる方法として検討される価値は十分にあると思われる。

中国への交通インフラ輸出は困難

このような都市発展の構造的な違いに加えて、日本と中国では、そもそものインフラ敷設に対する国家としての意識がかなり異なっていることも指摘せざるを得ない。二国の意識の違いが顕著に表出した例として、新幹線がある。日本が新幹線を敷設した背景には、繰り返し述べてきたように、高度経済成長や東京オリンピックの影響に加え、全日本総合開発計画や田中角栄が唱えた地方と都心の所得格差を縮小するという目的が一貫して存在していた。

一方中国が新幹線を敷設した背景には、高い技術力を備えた新幹線を開通させることで、自国の力を国際社会に対して顕示させたいという目論見がある。実際に、中国の新幹線は世界最速の350㎞という必要以上のハイスピードで運行している。こうした自国顕示の目的で敷設した新幹線には、安全上の多数の問題が発生している。あまり報道されないが、すでに数多くの脱線事故を起こしており、8～9割もの空席がある状況に陥ったこともあるという。日本では到底考えられない現実である。

新幹線の建設に中国鉄道局は24兆円もの負債を抱えている（2011年3月末）が、これほど莫大な資金を新幹線に投資するべきだったのだろうか、という根本的な疑問が頭をよぎる。中国が抱えている深刻な格差問題を解消するためであれば、その膨大な予算を社会保障費などに使うという手段もあったのではないだろうか。皮肉なことに中国の新幹線には「和諧号」という名がつけられている。これは日本語で「調和」を意味しており、所得格差の解消を目指して中国政府が掲げている言葉である。中国政府は単にスローガンを掲げるだけでなく、格差解消に寄与しているのかどうかを真剣に再検討すべき段階に来ている。

また、技術流出の問題も表面化している。中国の鉄道技術メーカー各社は外国から輸入した車両から技術を素早く吸収し、「中国産の車両」を生産するようになった。例えば、川崎重工業から技術を導入し、青島四方機車車輌が日本の協力なしで高速鉄道を生産するようになると、川崎重工業との協力関係はあっさりと終了してしまった。そればかりか、中国の国営鉄道企業は、日本をはじめとする先進国から模倣した技術を自国で安価に産業化して、アフリカや他のアジア新興国へと売り込む姿勢すら見せている。日本が社会格差解消の経験を伝えようとして交通インフラの輸出をしても、中国側は、それを商売の道具として活用し、さらに富める層のみが富む構造を再生産させようとしているということだ。このようなことが今後も頻発するのであれば、いかに中国市場が魅力的であったとしても、先進国はもはや中国に先端的な交通インフラを輸出することは控えるようになってゆくだろう。

4 インドでの可能性

このような中国での数々の困難と失敗を経て、日本では昨今、別の新興国への交通インフラ輸出の可能性が盛んに議論されるようになってきている。失敗は多かったものの、中国での経験もまた、いずれは日本企業にとって貴重な経験になっていくと期待したい。

次なる最有力の輸出先候補はインドである。そこで本章の最後として、日本の交通インフラの経験をインドに適用できるかどうかを検討してみたい。その前に、そもそもインドがどういう国であるのか、まずは政策面を中心に概況のおさらいから始めよう。人口大国としてとかく中国と比較されることが多いインドであるが、国造りの考え方はまったく異なっている。

独立後のインドの歴史

①初期成長期（1947-1964）

インドは独立後、初代首相にジャワハルラール・ネルーが就任した。彼は社会主義型社会の実現をめざし、公的部門が民間部門を管理する混合経済体制を築いた。また、貿易面では輸入代替政策を採用し、輸入規制を行って国内産業を保護していた。彼はこうした経済政策によってインド経済を飛躍させ、貧困を縮小することを望んだが、保護主義的政策はうまく機能せず、十分な経済成長を遂げられなかった。

②工業化停滞期（1964-1980）

1964～1966年にかけてシャストリによる短期政権が実行された後、ネルーの一人娘であったインディラ・ガンディーが首相に就任した。1971年の総選挙では、彼女は「貧困追放」を政策としてかかげ圧勝し、農村開発および公共サービス供給が重視されるようになった。例えば、1969年に導入した「緑の革命」も、その1つである。しかし、彼女は次第に縁故者や側近を重用し、独裁的になっていった。

１９７３年からは経済の不振が深刻化し、農村での貧富の差が増大した。さらに、スラムの取り壊しや人口抑制のための不妊手術が強行されたため、政府に対する批判が非常に強くなっていく。１９７０年代後半以降は１９６０年代に着手していた緑の革命が功を制し、食糧不足は改善されていったものの、１９７７年の総選挙では長期にわたり政権を担った国民会議派は敗北し、インディラ・ガンディーも落選することとなった。

③経済回復期（1980‐1989）

80年代になるとＩＭＦが主導の構造改革が実施され、経済自由化が部分的に始まった。その結果、ようやくインドの経済停滞は改善され、80年代には年平均６％弱の成長率を達成した。

④マクロ経済危機と経済自由化（1989‐現在）

１９９１年に、中東戦争による原油の高騰などが原因で経済危機がおこり、急激に外貨準備高が減り流動性が悪化した。それに伴い、経済の安定化、自由化を行うために関税の引き下げや国営独占事業の開放（鉄鋼、石油、重機械、通信、電力など）、外資比率制限の撤廃などの構造調整が行われた。その結果、インド経済はより高い水準で安定的に成長するようになった。近年は、ＩＴ産業を中心に経済成長を続けており、ＢＲＩＣsの一角として注目を集める存在となっている。

インドの都市内格差、地域間格差の現状

インドは1999―2000年度から2005―2006年度にかけて、年平均6・5％の経済成長を成し遂げた。しかしその一方で、1日1人当たり消費支出が1・08ドル以下として定義した貧困層に属する国民は、2002年時点で約4億4500万人、全人口の42％に上る。これは、全世界の貧困者の38％がインドに住んでいる計算となる。さらに特筆すべきは、インドの貧困層の3／4が農村に住んでおり、工業化した州と農業が主な州の間に所得格差が生まれているという点である。

なぜこれほど地域間格差が拡大してしまったのであろうか。それを理解するためには、産業構造に注目してみることが重要である。一般に、工業化が進んでおり、第一次産業従事者の割合が低ければ低いほど、その国は豊かであるとされる。そして、第一次産業の生産効率性が上昇すると、余剰な労働力が第二次産業、第三次産業へと移ってゆく。**図表5－8**のように、インドの産業別労働人口については、農業に従事する労働者の数が非常に多いことがわかる。さらに特筆すべきは、インドでは1980年代以降工業化が進んだにもかかわらず、農家の人口がさほど変化していないという点である。つまり、インドでは第一次産業から第二次産業へと、労働力が移らなかったということがいえる。

この背景には、インドの農家の生産効率性が非常に低く、第二次産業へと移る余剰な労働力がなかったことがあげられる。したがって、インドではまず農村の生活水準を向上させるために、農業の生産効率を

上昇させることが急務といえるだろう。つまり、農村と都市部の所得格差を埋めていくことが急務ということなのである。

一方、都市内格差について述べると、インドには高層ビルが立ち並ぶそばに大規模なスラム街が数多く存在し、都市内格差も深刻であることがわかる。ではなぜ、このような都市内格差が生まれたのであろうか。

インドのムンバイにあるダラヴィというスラム街は、もともとはゴミ捨て場であった場所に人が住み始め、巨大なスラム街になっていったという。今ではダラヴィに住む人の人口はムンバイに住む人口の約半分ほど存在する。なぜこれほど多くの人がスラム街に集うのかというと、インドの農村では雇用機会が稀少であるからだ。多くの地帯では今なお雨に大きく依存しており、雨が不足すると、収穫作業のような季節的な仕事が減少する。こうした生活の苦しい農村を離れ、多くの農民が仕事を求め都市部に流入してくる。しかし、流入した農民は都市になじめず、スラム街の中での仕事に従事するようになる。こうした循環を繰り返し、インドではスラム街の人口が年々増加し続けているのだ。

図表 5-8　インドにおける農業従事者数と製造業従事者数

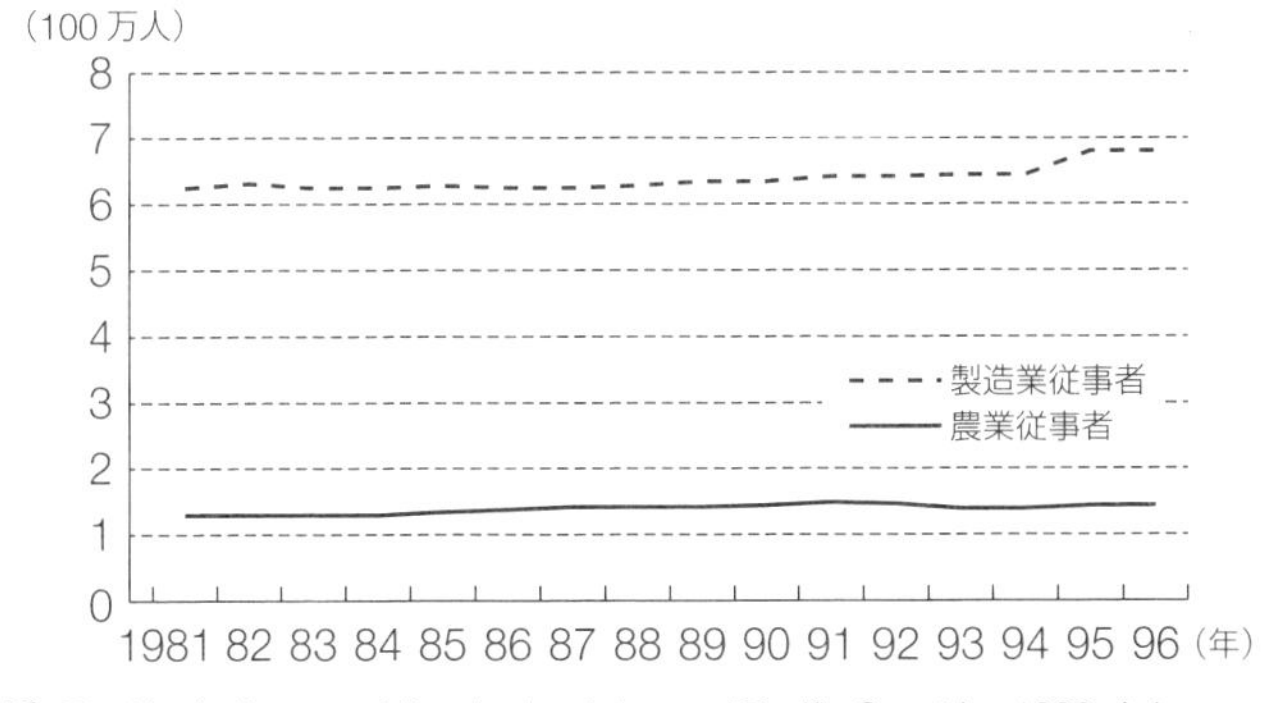

出所：The Key Indicators of Developing Asian and Pacific Countries 1999, Asia Development Bank.

インド政府の貧困削減政策

このような現状に対して、インド政府は全国規模でいくつかの重要な貧困削減政策を行ってきた。まず1つは、1939年に導入された公共配給制度である。この制度の下では、公正価格において米や小麦、砂糖、灯油などの基礎的日用品が統制価格で一般的に販売されている。しかし、この制度は当初明確な形で貧困層へのターゲティングがなされておらず、富裕層の方は多くの利益を公共配給制度から受けていた。このため1997年に公共配給制度はターゲットされた公共配給制度に改変され、貧困層へのターゲティングは大幅に改善された。

次に、1978年に実施された農村開発計画がある。この計画は、低利の融資を提供することで貧困層に所得を生み出す資産形成を行わせる計画であった。この計画は、「貧困層が貧困ラインを越えること」を目標に行われたが、貧困線を絶対視したあまり、貧困層の中の異質性を見逃す結果となってしまった。つまり、貧困層の中でも比較的裕福な人々が多くの利益を得ることになってしまったのだ。

3つ目に、1972－1973年にマハトラ州で実施された公的雇用計画がある。これは、政府が公共事業を行うことによって、旱魃による被害をうけ所得の低下した労働者に雇用を提供し、賃金を支払う制度である。この計画で重要な点は、賃金を低く設定したという点である。低賃金にすることで、本当に仕事がなく生活に困っている人のみを労働者として雇用することができ、公的雇用計画は成功を収めたのだ。

4つ目に、指定カーストおよび指定部族に対する留保政策がある。この政策は、社会的、経済的に差別を受けてきた集団に対して、議会の議席や大学の入学者、公職の一定割合を割り当てる制度である。

5つ目に、西ベンガル州で1978年から始められた「オペレーション・バルガ」という土地改革制度があげられる。この制度は、分益小作人が政府に登録することで、小作料として支払う生産物の比率が少なくとも25%以上であれば、土地に対する永久かつ相続可能な小作権が保障される、というものである。この制度によって小作人の交渉力は高められるので、小作人の労働インセンティブを引き上げる効果がある。さらに、小作権の保障が与えられるため、小作人は土地への投資を行うインセンティブを得るのだ。こうした制度により、農村部でも相対的に貧しい立場にある分益小作人の厚生水準を引き上げることで貧困解決に貢献したことは間違いないだろう。

こうした政策によって、インドの所得格差は1950年代から比較するとかなり縮小している。しかし、農村と都市に存在する所得格差や、都市内に数多く混在しているスラム街を無くすために、今後もさまざまな対策を練っていく必要があるだろう。

日本のインドへの「都市鉄道・都市開発」の輸出の試み

このような現状にあるインドに対して、はたして日本からの交通インフラ輸出は、どのようにして格差解消に貢献できるであろうか。ここでは、インドと日本が共同で進めている「デリー・ムンバイ産業大動脈構想（DMIC）」に着目して考察を進めてみたい。

DMICとは、インドの主要都市デリーとムンバイ間に貨物専用鉄道を敷設し、同時にその周辺に工業団地や物流基地、発電所、道路、港湾、住居、商業施設などのインフラを整備するという、日印が共同で行う開発構想のことである。デリー・ムンバイの二都市を、日本の東京・大阪間の太平洋ベルトに置き換えたことが発想のポイントであるという。2006年のインド・シン首相訪日時に、日本がインドにプロジェクトを提案したことが始まりであり、その後も2年に1度程のペースで首脳同士による会合が開かれている。DMICの効果として、雇用潜在力が7年で2倍、工業生産力が9年で3倍、輸出量が9年で4倍となる成果が予測されている。DMIC開発公社のプロジェクト開発ファンドが、インド政府とJBICが7500万ドルずつ出資することで設立された。開発計画の作成等が行われ、日本からの拠出分は、主に日本企業に関連するプロジェクトに充てられる。このプロジェクトの基幹事業となる貨物鉄道敷設事業について、4500億円の円借款で実施するということが注目される。2013年6月に、双日を筆頭とする企業連合が鉄道プロジェクトの第1工期を1100億円で受注した。契約規模として非常に大きいだけではなく、周辺に数多く存在する日本企業の拠点に対し物流の効率化で貢献できるというメリットが存在する。

また2010年6月現在、工業団地、物流倉庫、リサイクルインフラなど、鉄道周辺施設6案件が先行事業として日本の運営で行われることになっている。それだけではなく、２０１１年1月に三菱重工・三菱商事など5社がコンソーシアムを組んで、グジャラート州のサナンドとチャンコダール周辺の地域にスマートコミュニティを整備する計画が進んでいる。また同地区では、北九州市が街づくりの担い手として参画する予定で、地方自治体も輸出に積極的であることがわかる。

これらの事業は、日本の技術を用いた街づくりをインドで行おうという計画であり、成功すれば大型都市開発輸出の実績を得ることとなるため、今後他の国・地域に対するインフラ・都市開発パッケージ輸出に繋がると考えられる。ＤＭＩＣは、日本がこれまでに蓄積した街づくりのノウハウとスマートコミュニティや海水淡水化などの新技術を組み合わせた街をまるごと輸出する第一歩となるだろう。

また、都市交通の輸出の試みは実際に見られるようになっている。約１７００万人の人口を抱えるインドの首都デリーでは、経済成長により都市化が進み、自家用車が急速に普及したため、道路の慢性的な渋滞と、車の排気ガスによる大気汚染が問題となっている。そこでインド政府が打ち出したのが、『地下鉄建設計画』である。デリーの都市交通政策・都市環境問題対策の柱として計画されたこのプロジェクトを、ＪＩＣＡは計画段階の１９９５年から16年間にわたり支援してきた。２０１１年8月27日に全線開通の日を迎えた。全線開通により、デリー地下鉄の総延長距離は１９０㎞となり、東京メトロ（１９５㎞）と同規模の地下鉄ネットワークとなった。一部区間が開通した２００２年12月からの延べ乗車人数はインドの全人口12億人を上回り、今日では1日当たり乗車人数が約１８０万人に達するなど、デリー地下鉄は市民の足として定着しているそうだ。デリー中心部とインディラ・ガンディー国際空港や郊外の新興地域グルガオンも結ばれ、デリー市内の移動手段としてのみならず、海外への出入り口としての役割も担うこととなり、今後さらに利用者が増加することが見込まれている。初乗りは８ルピー（約15円）だそうだ。

総事業費約６６６７億円のうち、ＪＩＣＡは約３７４８億円の円借款を供与したが、ＪＩＣＡの協力は資金面だけではなく、安全運行や車両維持管理に関する能力を向上させるため、東京メトロを運行する東京地下鉄（株）、メトロ車両（株）の協力のもと、デリー地下鉄を運行するデリー地下鉄公社への技術支援を行った。また現地ＮＧＯと協力して現場作業員に対するＨＩＶ（エイズ）予防の啓発活動を実施し、労働環境や社会的認識の改善も図っている。また、工事現場での安全対策を強化するため、日本の新技術が導入された。神戸大学が開発した「On Site Visualization（ＯＳＶ）」システムは「現場の安全管理の見える化」技術とも呼ばれ、地盤や構造物に変位が生じた場合、光センサーの色が変化して崩落の危険を示すものである。さらに、これまでのインドの工事現場には、一般道と工事現場の仕切りもなく、ヘルメットや安全靴を着用する習慣はなかったが、プロジェクトを通じて、工事区域をフェンスで囲み、ヘルメットや安全靴の着用を義務づけ、工事現場内の資機材を常に整理整頓するなど、日本の工事現場では当たり前の「安全」の意識が定着した。現在デリーにおける工事現場のほとんどがフェンスで囲まれているのも、このプロジェクトがもたらした成果の1つであるといえる。また、プロジェクト開始直後は業務開始時間になっても集まらなかった作業員に、毎朝決められた時間に集合することを徹底し、定められた工期を守るという「納期」の重要性を浸透させた。

また、これまでのインドでは、所得や階層の高い市民は公共交通機関を敬遠する傾向にあり、デリー地下鉄開通前のデリー市では市民の交通手段が所得水準や階層により分断されていた。そこでデリー地下鉄公社は地下鉄内でのごみ廃棄禁止ルールを徹底し、「クリーン」なイメージを確立することで、所得や階層にかかわらず地下鉄を市民が利用するようになったという。そして駅には整列乗車を促すためのラインが引かれ、駅員が乗客の整理を行うなど、「並ぶ」という習慣のなかったインドに大きな変化をもたらしているそうだ。実際にわれわれもグルガオンにある日系企業を訪問したが、産業郊外都市として成功していることを実感することができた。魅力的な郊外を作ることは人口の多い新興国では都市の発展とともに早急にとりかかるべき課題であるといっても過言ではない。

日本の経験が活かせる可能性が高いとはいえ、インドをはじめとした新興国でのビジネス、特に交通インフラや都市開発のような大規模なビジネスは非常に忍耐強い長期間の交渉が必要とされる場合が多い。このようなビジネスを行うことができる人材の育成が実際には日本企業でのまず最初に必要とされる課題といえるかもしれない。

5

今後の日本企業の交通インフラ輸出への示唆

格差解消モデルを使って示唆するインドの今後

前述のように、中国では、農民工や蟻族、鼠族など特殊な社会地位にある人々が多く存在し、かつ国家政策が大きく違うため、日本が戦後経験してきた格差解消モデルは適用できないことがわかった。では、中国に次ぐ人口大国であるインドでは、日本からの経験の輸出、つまり交通インフラ整備を通じた格差解消モデルは適用できるだろうか。本章のしめくくりとして、本書の提言も交え、この問題の検証をしてみたい。

まず、地域間格差解消手段は、中国と同様に一定のレベルで有効に機能すると思われる。インドでは、デリー・ムンバイ大動脈構想が話題になっているが、主要都市同士、あるいは主要都市と地方都市を運搬量、速さを向上させた交通手段を通すことで、格差は解消されていくであろう。さらに、その起点となるムンバイからさらに南へと産業回廊を伸ばす計画もある。ムンバイから、日本企業専用の工業団地を作ろうとしているプネー、そしてバンガロール、チェンナイへと続くインド南部産業回廊構想だ。このように、点在する産業集積地を長距離移動手段としての鉄道で結ぶことで、発展範囲を増やせる可能性は高まるだろう。地域間格差は地域間を結ぶ鉄道は新興国が発展する際、最優先されることでもあり、地域間格差の解消は時間の長短には差があれども、次第になくなっていく傾向にあると考えられる。

次に、都市内格差についてはどうだろうか。鉄道敷設のみを行うと、インドも中国と同様に、交通の利便性が高まることと反比例して格差が拡大していく危険性がある。繰り返し述べてきたことであるが、中国では、農民工や蟻族、鼠族といった、ある意味で縛られた社会的地位となってしまっている貧困層が、都市内の一定地区に集中してしまう状態である。同様に、インドにも、今では法律上は廃止されてはいるものの根強く残るカースト制がある。インドムンバイの中心地であっても、アジア最大で100万人以上の人が暮らすダラヴィ地区という巨大スラムが存在している。そのため、鉄道敷設のみでは、インドも中国と同じ状態に陥ることが目に見えている。日本のような、明確に機能分化した中心部と郊外という都市構造に改造してゆくためには「魅力的な郊外住宅地」というコンセプトが必須である。インドにも、今では法律上は廃止されてはいるものの根強く残るカースト制がある。インドムンバイの中心地であっても、アジア最大で100万人以上の人が暮らすダラヴィ地区という巨大スラムが存在している。

もちろんこのような特定の貧困層が集中して暮らす区間を一気になくすことは、交通手段の解決だけでは不可能であり、政府による大胆な再開発の決断が必要であるのは事実だろう。しかし、莫大な人口を抱えるインドのような新興国は、「国土をフル活用する」ということを常に念頭に置き、都市内交通の拡充には徹底的に力をいれ、郊外を生活空間として魅力づけし、郊外都市でも新たな産業が次々に生まれるように促してゆく姿勢がきわめて重要である。日本の経験上、このような姿勢は、地味ではあるものの、長期的に見れば最も重要な視点といっても過言ではない。交通インフラを、単に技術輸出として捉えるのではなく、日本の強みとしての「郊外都市開発」を、同時に売りだすべきである。日本の「都市開発」の能力は、インドでこそ活かされるべきである。このノウハウを強みにすれば、たとえ価格競争力が弱いとしても、日系鉄道会社が優位に立てる可能性は十分にあると考える。

国土や人口の大きさの違いだけではなく、戸籍制度や経済体制の違いにより、日本と中国は同じアジアであっても、同じ経験を共有することが難しい関係にある。そのため、中国においては、たとえ日本側がどれだけ理想の未来を夢見ても、交通インフラが社会の格差解消に貢献する程度はきわめて低いと見られる。中国の人々には申し訳ないが、「交通インフラはただ作ればよいだけではない」ということを、われわれ日本人は中国を通じて学んだともいえる。

振り返って考えれば、都市鉄道と都市開発を同時に行う日本の鉄道会社は、戦後の発展を通じて、交通インフラ敷設の社会的可能性を最大限に引き出してきた経験を積んできたということが再確認される。この日本型の交通インフラ開発のモデルは、人口を郊外へと分散させ、都市内の生活可能範囲および商業範囲を大幅に広げる効果があったということである。そのこと自体は、都市建築の研究者にとっては議論があるところかもしれないが、少なくとも日本社会の発展にとっては、非常に大きな恩恵をもたらし続けてきたことは間違いない。

今後は、このような、一種の「見えざる資産」、つまり、「魅力的な郊外住宅地を作る都市開発ノウハウ」をアジア新興諸国へ輸出する取り組みがもっと盛んに議論され実行されるべきである。これは、供給サイドの日本企業のみならず、受け入れ先の国や都市にとっても、格差解消の可能性が高まり、双方ともに恩恵が大きいと思われる。また、郊外の主要な商業施設となり得る「駅ビル」の存在も日本型モデルの特徴の1つといえる。ただ技術や製品を新興国へと輸出しているだけでは、模倣やコスト問題で、新興国企業に負けてしまう。これからは、日本が経験してきたことそのものを財産にして、新しい輸出価値を見いだし、現地の事情に合わせたローカルフィットを実践できるビジネスモデル構築を目指すことが、重要なのである。

参考文献

王鋭（http://www.cvg.ynu.ac.jp/G4/doc/2011_extension/20110611Wan.pdf）。

广州日报（http://gz.focus.cn/news/2011-02-05/1185627.html）。

国土交通省国土政策局（http://www.kokudokeikaku.go.jp/document_archives/ayumi/21.pdf）。

国土交通省都市・地域整備局（２０１１）日本の持続可能な交通戦略（http://home.hiroshima-u.ac.jp/hitel/HPforICE/

HP_ICE/IP2011_2.pdf)。

ジェトロ（日本貿易振興機構）（２００９）「インド物流ネットワーク・マップ」。

清水淳太郎（http://www.jetro.go.jp/biznews/518081b33c8c0）。

新华社（http://www.gov.cn/jrzg/2011-02/22/content_1808131.htm）。

人民網日本語版（http://j.people.com.cn/94476/6620825.html）。

菅原透・桑原健（http://www.nikkei.com/article/DGXNASGM29048_Z20C11A7FF1000/）。

東急電鉄（http://www.tokyu.co.jp/contents_index/urbanlife/business02）。

独立行政法人 国際協力機構（http://www.jica.go.jp/india/office/information/event/2011/110907.html）。

橋本健二（２０１３）『「格差」の戦後史』河出書房新社。

日本労働研究機構（２００３）「JIL労働政策レポートVolume3」（http://www.jil.go.jp/institute/rodo/documents/report3.pdf）。

Anderlini,J. & Dickie,M.（http://xinkaishi.typepad.com/a_new_start/2010/10/ft-high-speed-rail-china.html）.

English.news.cn.（http://news.xinhuanet.com/english2010/china/2011-02/04/c_13719070.htm）.

ＮＮＡ（http://nna.jp/free/news/20130912inr009A.html）.

おわりに

ファッションや家具、アートからインフラ事業、そしてアニメなどのソフト産業。本書ではさまざまなテーマにわたり、海外企業の手法とも比較しながら、日本から海外に売り出すさまざまな手法をまとめた。見本市のあり方やロビイング活動など「ものづくり」の周辺にあり、消費者側からは見えてこないさまざまなマーケティング手法。それらを見ると、結局ケースバイケースなのかという印象を与えてしまうかもしれない。しかし、それらを見ていく中で出てきた示唆は冒頭にも述べたように、日本の魅力が、「ものづくりだけではない」ということだ。

見本市というマーケティング手法が有効なのも、単に出品されるモノだけに価値があるわけでなく、そのモノのバックグラウンドに日本というブランドがついているという側面がある。また、長年にわたって醸成された日本企業が生み出す製品の品質への信頼感などがマーケティングを裏から支えていたりもする。そして近年ではアニメなどのソフト産業において日本というブランドの独自性や優位性が注目され始めている。こうしたモノの周辺にある日本というブランドが、これから押し出していくための1つの重要な要素になるのではないだろうか。

しかしながら、現状では、とかく従来の「ものづくり」偏重から発想を転換できず、欧米企業や韓国企業に大きく引き離されてしまうという事態が起きている。そうした状況に対して、日本企業はやはり、今まで築きあげてきた日本というブランドを有効活用していくことがこれから先のビジネスを考える上で近道となる1つの方法なのではないだろうか。

ここで注意したいのが、日本ブランドを押し出せば必ず売れるという単純な話をしているのではないということだ。本著に出てくる見本市やロビイング、政府との対話、グローバル企業との比較の中では、それぞれにおいて、日本企業のとる手法は、「小ささ」「小手先」感を感じずにはいられない。そういう方法を続けているのでは、日本ブランドは活かされない。日本ブランドを活用するというのは、複数の企業が合同の形をとり、かつ日本政府がそれら全体を支援することで、太い束となってグローバルマーケットに挑戦するということである。そうすることで、本当の意味で日本ブランドを世界の消費者に認識してもらうことができ、先を走るグローバルカンパニーと同じ土俵で戦えるようになるのではないか。これが約2年間にわたる作業の中で、執筆メンバー全員の総意として作り上げた本書の示唆であり、全体を貫くメッセージである。

このメッセージをひとりでも多くの読者に伝えることでできるなら、望外の喜びです…。

2015年　6月

佐久間海士

【編著者紹介】

鷲田　祐一（わしだ　ゆういち）

一橋大学大学院商学研究科教授
専門はマーケティング、イノベーション研究。

1968年生まれ、福井県出身。1991年一橋大学商学部卒業。同年（株）博報堂に入社し、生活総合研究所、イノベーション・ラボで消費者研究、技術普及研究に従事。

2008年東京大学大学院総合文化研究科博士後期過程を修了（学術博士）。

2011年一橋大学大学院商学研究科准教授。2015年から現職。

ミクロ視点での普及学、グローバルマーケティング、ユーザーイノベーション論、未来洞察手法、デザインとイノベーションの関係などを研究している。

平成22年度経済産業省産業構造審議会臨時委員。

〈主な著書〉
『イノベーションの誤解』日本経済新聞出版社、2015年
『デザインがイノベーションを伝える ―デザインの力を活かす新しい経営戦略の模索―』有斐閣、2014年　ほか

【一橋大学商学部グローバルマーケティング研究室】

鷲田祐一教授が指導する学部ゼミナールと大学院ゼミナール（総勢約35名）の研究室。毎年、チーム制でいくつかの研究テーマを設定し、教授・大学院生・学部生が合同でアジア各国に取材・調査出張を実施。若く新鮮な視点で日本企業のグローバルマーケティング戦略の研究を重ねている。

平成27年7月30日　初版発行
平成27年9月10日　初版2刷発行　略称：日本は次に

日本は次に何を売るか

編著者 © 鷲　田　祐　一
発行者　中　島　治　久

発行所　同文舘出版株式会社
東京都千代田区神田神保町1-41　〒101-0051
営業（03）3294-1801　編集（03）3294-1803
振替 00100-8-42935　http://www.dobunkan.co.jp

Printed in Japan 2015　DTP：マーリンクレイン
印刷・製本：三美印刷
ISBN978-4-495-64731-5